Box out

卡 位

丁兴良 著

ZHEJIANG UNIVERSITY PRESS
浙江大学出版社

图书在版编目（CIP）数据

卡位/丁兴良著.—杭州：浙江大学出版社，2010.1
ISBN 978-7-308-07272-4

I.卡… II.丁… III.市场营销学—通俗读物 IV.F713.50－49

中国版本图书馆 CIP 数据核字（2009）第 242528 号

卡 位

丁兴良 著

策 划 者	蓝狮子财经出版中心	
责任编辑	王长刚	
文字编辑	魏文娟	
装帧设计	韩 捷	
出版发行	浙江大学出版社	
	（杭州市天目山路 148 号 邮政编码 310028）	
	（网址：http://www.zjupress.com）	
排 版	杭州大漠照排印刷有限公司	
印 刷	临安市曙光印务有限公司	
开 本	710×1000 1/16	
印 张	14.5	
字 数	181 千	
版 印 次	2010 年 1 月第 1 版 2010 年 1 月第 1 次印刷	
书 号	ISBN 978-7-308-07272-4	
定 价	35.00 元	

序　言

逝者如斯,随着时间推移,对于行业市场的研究已有十几个年头,然而金融危机的影响使我深深地感到"计划总是赶不上变化",那么企业的营销战略还要不要制定?又该怎么执行呢?我结合多年来为企业提供营销咨询、培训积累等一些实战经验,提炼出一套新的营销战略——"卡位战略",即 box out 。

"卡位"这个词语来自篮球或者足球比赛,指在比赛过程中,球在空中的时候,球员精确判断球的有效落点,抢先对手占据有利位置,将对手阻挡在最佳位置以外,从而获得控制权。要是对手硬撞的话,就会被撞倒在地,形成有效的"卡位"。

卡位的关键在于精确地判断有效落点,并抢先对手占据有利位置。谋事在人,成事在天。企业怎样寻找营销战略?怎样让企业至少在短时间内,使竞争对手无法超越?这些都涉及卡位的问题。

放眼全球化市场,很多企业在进行竞争时,往往会只在乎对手的实力及跟风,而对于自身的优势却完全没有研究过,中国企业也不例外。目前,中国企业存在着一系列的问题,主要体现在产品同质化,营销战略赶不上市场变化,起不到实质作用,企业的发展单纯依靠产品技术。然而在 21 世纪的今天,产品技术的核心优势将被替换。一流的企业靠品牌,二流的企业靠服务,三流的企业靠产品技术,这是许多专家以及知名学者共同的见解。然而互联网的发展势不可挡,18 个月倍增的摩尔定律也被打破,未来的发展呈飞快上升的趋势。在企业发展中,我个人认为,先入为主的观念却始终未变,特别是在中国市场中更是如此。因此,在对 4651 家企业客户、24403 位高层管理人员进行的市场调研后,我们毅然提出了卡位战略的企业新思维。

卡位战略已经成功为一些企业的发展解决了困惑,如卡位战略成功地为西门子、金晶等企业提高了在行业中的竞争实力,抢先竞争对手占据了有利的位置,形成了技术壁垒,让竞争对手在短时间之内无法超越。

卡位战略不仅充实了新的营销理论,更是营销发展史上的再一次飞跃。我们工业品营销研究院,在不断的摸索中前进,在市场的漩涡中高瞻远瞩,旨在为更多的企业解决发展之道,为中国企业发展尽一份力量。

在此感谢那些为本书出版而付出努力的朋友们,特别是蓝狮子读书网、灵希传媒机构以及我的助理林俊、黎燕、李永霞等。最后,希望读者能抽出时间来阅读这本书,我唯一要说明的是,这些书稿都是以通俗的言辞和案例撰写而成的,读者不必用看教科书的眼光来审视它,而应在阅读过程中更多地以沉淀的心灵来深思它。如果我的个人经历与体悟能带给各位读者一点点思考和启发,将是我最大的欣慰和欢悦,也算是对大家的一点回报吧!

我的心愿是能够真正地帮助企业成长,就如我们研究院的宗旨一样:"挖掘行业深度,引导产业方向,改善企业营销力,提升社会竞争力。"

丁兴良

2009 年 11 月 1 日于上海

目　录

引　言　你的大脑留在 **20** 世纪了吗？———————— 1

第一章　中国式战略，该爱还是该恨？———————— 3

一、抓大放小，最后一无所获__3

案例　摩托罗拉的铱星计划__5

二、依葫芦画瓢，越走越远__11

案例　荣华鸡为什么竞争不过肯德基__12

三、"走出去"最终等于"丢出去"__16

案例　TCL 国际化的失败__16

四、形势比落实更重要__20

第二章　定位再到重新定位：特劳特的困惑———————— 24

一、市场全球化的陷阱__25

案例　走出去，长虹之痛__28

二、零距离，世界是平的__29

案例　阿里巴巴电子商务网站和广交会__32

三、潮流的速度不可预测__34

案例　从 Walkman 到 mp3 再到 iphone__36

四、影响决策者的资讯复杂化__38

案例 "封杀"王老吉事件__41

第三章 卡位——开辟市场新蓝海 ——————— 43

一、客户究竟在关注着什么？__43

案例 海尔发明地瓜洗衣机__49

二、如果你创造新的游戏规则,结果会是怎样？__50

三、卡位,定位的再升华__54

第四章 卡位战略模型的深度剖析 ——————— 58

一、应用卡位战略的三大前提__58

二、"十六字真言"：卡位的核心战略思想__63

三、卡位战略模型的深度剖析__68

案例 金晶超白玻璃__69

案例 新安化工的卡位剖析__70

第五章 明确定位 (No.1) ——————— 74

一、颠覆传统,定位的新玩法__75

案例 华硕上网本的崛起__77

二、建立区隔,给竞争对手设立安全线__78

案例 酷儿：献给孩子的饮料__79

案例 澳的利：开创葡萄糖饮品市场__79

案例 日本大金向开利微笑的资本__80

案例 新中大软件的个性化服务__81

案例 品牌定位的20种方式辨析__82

三、集中力量发挥优势效应__89

案例　九阳走向小家电之路__94

案例　IBM 曾经的伤痛__95

四、明确定位的三重攻略__96

五、定位的四个关键性问题__99

第六章　挖掘优势（差异化）————————104

一、优势不仅仅是优点__104

案例　湖南卫视"超女"的成功__107

二、价值取向，发现你的优势__108

案例　招商银行的"因您而变"__110

案例　国内空调企业的卖点__112

资料　消费者的价值元素分析__113

三、不要让你的优势变成劣势__117

案例　美国通用的最大败点__117

案例　小灵通的兴起与衰落__119

四、创造优势战略的六大步骤__121

案例　飞利浦："让我们做得更好"__124

五、如何建立你的优势组织__126

案例　白金汉的核心观点__127

第七章　做到最好（聚焦）————————130

一、做到最好的标准是什么？__130

案例　汤姆逊：我能做到而别人做不到__130

案例　通用电气：第一或第二__131

案例　乔·吉拉德：追求完美，不自我设限__133

二、聚焦原理：找准焦点__135

案例　王老吉的转型：你无法让星星聚焦,却可以让企业聚焦__137

三、形象策略：完美的外包装__140

案例　金龙鱼的1:1:1战术的失败__144

四、换个方式给客户介绍__145

案例　蒙牛：把客户当老师__145

案例　打一折的商店__146

案例　限量刺激__146

案例　脑白金的宣言__147

五、变换策略,唯一不变的是变化__148

第八章　建立团队（借力打力）───────────152

一、团队的定义__153

案例　麦当劳的危机管理团队__157

二、团队,从领队抓起__158

案例　杜邦的团队思维__160

三、不仅需要狼性团队,更加需要和谐团队__161

案例　华为的狼性团队__162

案例　微软的和谐团队__163

四、团队的冲突与绩效__165

案例　亚通网络的团队冲突__168

五、用新一代的语言激励团队__169

案例　华为的有效激励__173

第九章　卡位战略的三大形式───────────175

一、做精卡位__175

案例　"血尔"的由来__178

二、做准卡位__179

　　案例　商务通就是掌上电脑__180

　　案例　如家快捷酒店__181

三、做活卡位__181

　　案例　海尔空调的"星级服务"__184

第十章　卡位在现代商业中的应用 ──────── 186

一、宇龙酷派开辟手机市场蓝海__186

二、镇江西门子的卡位策略__191

三、日本生命保险的成功之道__197

四、丰田的微笑__199

第十一章　好的企业满足需求，伟大的企业创造市场 ──── 204

附　录 ───────────────── 207

你的大脑留在 **20** 世纪了吗？

这是一个幸运的时代。消费者被琳琅满目的商品所包围，应有尽有，只要想得到的，几乎都能买得到。款式、品种之繁多，使消费者眼花缭乱。

这是一个不幸的时代。全球化和技术革新就像一把剪刀的双刃，将不能顺应潮流的企业剪碎。企业之间的竞争前所未有的激烈，企业之间的合作也前所未有的重要。

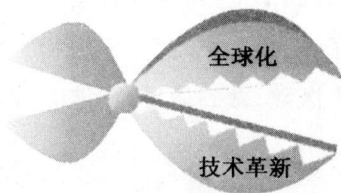

全球化

技术革新

2008 年，是令人难忘的一年。那些我们引以为傲的管理理念、企业标杆，或瞬间倒塌，或蹒跚难行。

克里斯滕森的《创新者的窘境》被评为 20 世纪最有影响的 20 本商业书籍之一，他在书中提出这样一个问题：那些失败的优秀企业，曾经都非常成功，拥有优秀而成熟的方式，是行业的楷模、经理们的学习榜样、商学院的案例焦点；而在失败之后，各种管理上的缺陷便显露出来。到底是管理得太好还是管理得太差？

克里斯滕森经过数年的调查,给出一个令人吃惊的回答——是管理得太好导致这些企业走向失败。一家管理出色的企业就好比动力十足、润滑充分、飞速前进的机动车,在路向突转时,强大的惯性使它无法掉头,反而以更快的速度奔向深渊。

金融创新是过去 20 年金融业的关键词,过高的杠杆运作造就了许多优秀的金融企业,而在金融危机下,也放大了企业的风险,令这些企业在数天之内破产。

竞争格局的急剧变动令传统的管理理念变得无效,在这种情况之下如何成就卓越?

越来越多的事实,越来越多的血淋淋的案例警示着我们,今天不同于过去——这是一个动态竞争的时代,就像一场篮球比赛,有对手,有同伴,大家都在快速跑动着,必须得时时观察、准确判断,观察球的落点,发现及创造机会,卡位前进,阻拦对手,获得控制权,抢球快速上篮。

中国企业是全球化竞争这个"篮球场"中的一员。我们的管理比不了国外企业,我们的技术比不了国外企业,我们的规模比不了国外企业,我们的品牌初成型也比不了国外企业。我们就像篮球场上的小矮个,处处被掣肘,必须进行有效的卡位,才能拥有立足之地。

寻找你最长的板子,明确定位,充分利用和整合企业的自身优势,准确卡位,有效切入,建立区隔,做到最好,创造一片属于自己的蓝海,使对手无法复制与超越!

第一章

中国式战略，该爱还是该恨？

在没有水喝的撒哈拉沙漠里，依然有可口可乐，这是可口可乐成功的体现。

在有人的地方，就有中国制造的产品，这能看作中国制造的成功吗？

在国外消费者的心目中，中国制造意味着低价和模仿，而非质量、品牌、文化和价值。即使是国内消费者，对国产品的认同度也不够。

我们拼搏了30年，我们做大了，却没有做强。

中国式战略，该爱还是该恨？当产能大跃进遭遇需求锐减，企业何去何从？习惯于模仿的中国企业，如何应对全球化的挑战？

一、抓大放小，最后一无所获

20世纪90年代初，以发明"脑白金"而成名的史玉柱，决定在珠海建造巨人大厦。最初只是准备盖18层的自用办公楼，后来不断加码，从38层到54层再到64层。

1994年初，在巨人大厦开工典礼上，史玉柱宣布，巨人大厦将建高

78层,建造中国第一高楼。初步测算,需要投入12亿元才能完成。当时,史玉柱为了筹集启动资金,在香港卖楼花筹集到1.2亿元,但仍填不满巨大资金需求。1996年,巨人大厦资金告急,史玉柱将保健品方面的全部资金调往巨人大厦。1997年初,巨人大厦因资金链断裂未能按期完工,最终,大厦兴建到第3层就停工,而且烂尾至今。

后来,史玉柱再谈到巨人大厦一事时,他说:"那是我一生的痛,我再也不想看到这个鬼地方了! 这是我一生最大失误的决策,也是我的伤心地。巨人大厦从18层一直长到78层。好大喜功,我真是昏了头!"

巨人集团在保健品市场做得有声有色,却为了建造"全国第一高楼",使得公司的主要领域保健品业务"失血"过多,财务危机爆发,而巨人大厦也随着集团的破产而搁置。

现在很多企业都想"做大做强",不顾背负着过多的债务和种种压力,而走上了一条不归之路,结果做大容易,做强难。大的未抓紧抓好,小的却放完了,最后一无所获。

大项目易烂尾收场

大项目的风险显而易见。

由于缺乏经验,企业在大项目启动之前,无法准确评估项目的规模、范围、投产日期、最终的客户需求以及其中存在的主要技术风险。只有当进行大规模投入、项目进行到一定阶段之后,企业才能对此做出正确的评估。不幸的是,在很多情况下,评估的结果表明,项目的投资额、范围及难度已超出了企业的承受能力,或者与市场需求不符,最终导致项目烂尾,企业也遭受不可挽回的损失。

20 世纪 80 年代末,摩托罗拉为了夺得对世界移动通信市场的主动权,提出了新一代卫星移动通信星座系统——铱星计划。

铱星计划是一个宏伟而超前的计划,它希望通过卫星与卫星之间的传输来实现全球通信,把地面蜂窝移动系统搬到天上。从技术上讲,铱星系统是相当了不起的,它采用星际链路。从管理上讲,它又是一个完整的独立网,呼叫、计费等管理独立于各个国家的通信网。

但是,从投资的角度讲,它却是个彻头彻尾的失败项目。

铱星计划的投资高达五六十亿美元,每年的维护费又是几亿美元。除了摩托罗拉等公司提供的投资和发行股票筹集的资金外,铱星公司还举借债 30 亿美元,每月仅利息就达几千万。为了支付高额费用,铱星公司只能将手机的价格定为 5000 美元一副,每分钟的通话费定为 3 美元。这样一来,铱星公司的用户群就大大减小了。随着手机的发展,铱星服务的客户更加快速地流失。

虽然摩托罗拉公司很聪明地利用其技术优势吸引了全世界的眼球,却过于乐观地预计了市场,致使成本过高、技术选择失误,运行中出现了过多不可逆转的问题,终究使得铱星计划半途而废。

抓大放小,风险集中

抓大放小导致企业的风险过度集中。当外部环境发生剧烈变化时,当产量严重过剩时,当出现重大的技术变革时,企业显得不堪一击。

从企业的人力资源上说,抓大放小会导致公司的人力大量集中在大项目中,当公司需要进行战略转型时,大量的人力资源却无法妥善处理。同时,由于公司的人力、物力都集中在大项目中,一些小的项目不受重视,使得小项目人才流失,一旦公司需要把人力、物力转移到这些小项目时,却不能顺利进行,从而痛失了市场商机。

从企业的财务上来讲,抓大放小会导致大项目投资的高额负债,财务风险、财务成本急剧增加,一旦资金链断裂,企业将面临极大的风险。

新兴市场的危机

对企业来说,信心扩张促使企业盲目地上大项目,进行大投资、大规划,以求获得大的回报。

成功的企业家们拥有光辉的历史,他们擅长把过去的成功经验推广开,从一个市场推广到另一个市场,从小项目推广到中型项目,再推广到大的项目、大的领域。在这个推广过程中,风险逐步累积,很容易超出企业的掌控规模,从而导致项目失败。一个大项目的失败,足以吞噬企业以往的积累,甚至导致企业破产。

在新兴市场上,这种盲目抓大放小的风险尤为突出。

罗杰斯在《创新的扩散》中根据客户采纳的时间和主动性,把客户分为五类人(图1-1)。

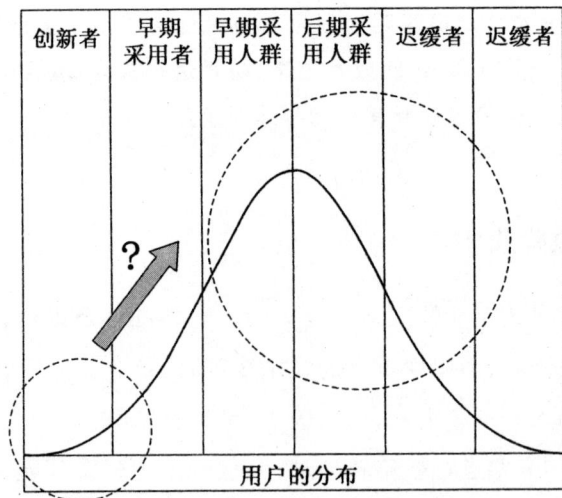

图1-1 新产品/技术的采纳者分布

第一类是创新者。他们是先行者，自觉使用新产品。第二类是早期采用者。他们乐意引领时尚，尝试新鲜事物，但行为谨慎。第三类是早期采用人群。他们比较谨慎，但他们较普通人群愿意更早地接受变革。第四类是后期采用人群。他们是持怀疑态度的一群人，只有当社会大众普遍接受了新鲜事物的时候，他们才会采用。第五类是迟缓者。他们是传统、保守的一群人，习惯于因循守旧，对新鲜事物吹毛求疵，只有当新事物发展成为主流、成为传统时，他们才会被动接受。

盲目做大，是企业在新兴市场上所需要抗拒的一大诱惑。

从小做大，意味着要企业面对不同的客户群体。

主流客户从主动的创新者和早期采用者变为谨慎、保守的主流人群。不同的客户群体意味着不同的需求、不同的产品认知、不同的销售渠道、不同的质量保证和不同的技术支持。所有这些直接都导致企业旧有的积累经验、旧有的人力资源、旧有的运营手段难以适应新兴主流市场，从而使企业血本无归。

这是市场中企业追求做大而导致失败的重要原因。

从小到大的过程，不是简单的数量上的变化，而是质的变化。"小"与"大"之间并非是平稳过渡的，而是存在巨大的消费习惯之间的差异。

比如，在电脑市场，最开始的用户是国防部门和研究机构，他们对电脑的运算能力和稳定性要求比较高；而当电脑向大众普及时，对电脑的稳定性要求并不高，他们可以忍受每天重启电脑几次，但对电脑操作的易用性要求较高。

这种"小"与"大"之间的消费者关注价值的不同，导致了企业去追求更大市场的过程中的失败。这种不同，高新技术营销大师摩尔称为"鸿沟"（图1-2）。如果企业使用以往的经验和路子盲目地向主流市场冲击，则会陷入鸿沟而导致惨败。

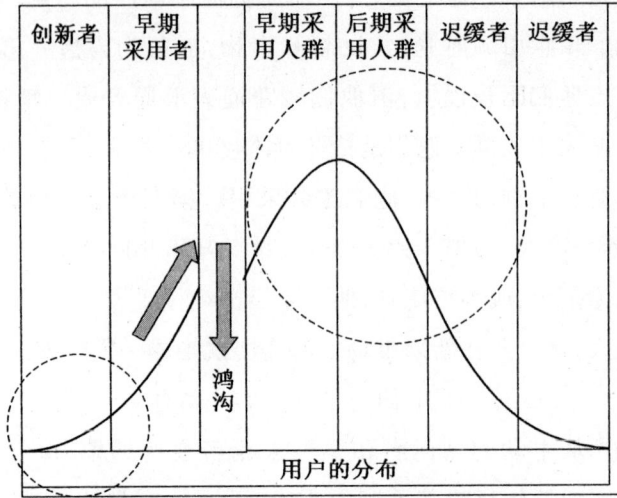

图1-2 "小"与"大"之间的鸿沟

"老狗"和"野鸡"之战

市场上的主流产品比较成熟,占据了主要的市场份额,我们暂时称它们为小狗—大狗—老狗系列。潜在的竞争性产品只占据了很小的利基市场,并不为市场主流所接纳,我们称它们为野鸡—天鹅—凤凰系列。然而,新产品的成长性要高于老产品。随着野鸡慢慢长大变成凤凰,就超过老狗了(图1-3)。

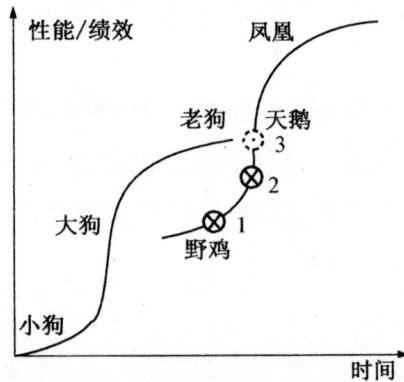

图1-3 新旧两种产品的竞争

当野鸡还是野鸡的时候,它面临生存问题。主流市场上一眼望去全是老狗,新产品的生存空间极小。新产品要活下来,就必须寻找适合它自己的市场,这个市场是它的利基市场,是使新产品能够活下来的市场(图1-3中的1点)。然而新产品的利基市场和老产品所占领的主流市场不是同一个市场。随着野鸡慢慢成长为天鹅,它的技术指标开始接近老狗,野鸡技术开始从利基市场向主流市场进军,一场大战随时会爆发。

在老狗们看来,这场大战会在野鸡技术达到老狗技术的那一点爆发(图1-3的3点)。事实情况是,战争爆发比老狗们预料的要早(图1-3中的2点),转瞬之间,风云突变,主流市场天翻地覆。

要解释这一点,需要了解需求和产品属性之间的关系:

第一,一个产品有很多属性。在某一阶段,会有一至两种属性占主导地位。

第二,客户需要的是足够好的产品,而不一定是最好的产品。

第三,当某一属性达到客户需求时,产品的另一种属性会变得重要,成为新的主导属性。

以自主发光材料的变迁为例。自主发光材料是指不用电源或其他能源设施就能自动发光的材料,主要用于地下照明、机械表等领域。在美国"9·11"事件中,世贸大厦突然断电,慌乱的人群不得不在黑暗中摸索。后来,在自主发光材料的指引下,只用了不到一个半小时,1.8万人就被安全疏散出来。

最早使用的自主发光材料是放射性材料。放射性材料的优点是发光时间长,长达上万小时。稀土蓄光发光材料是一种新兴的自助发光材料,它白天吸收光能,夜晚释放发光,它的缺点是发光时间短,每次只能维持2~3小时。最初,稀土蓄光发光材料并不能影响放射性材料的市场。后来随着不断研发,稀土蓄光发光材料的发光时间慢慢延长,达到了6小时甚至8小时以上,能持续整夜发光。对用户来说,能整夜发光,就已经足够了。

此时,发光材料的安全属性变成主要的属性。放射性材料对人有害,而稀土蓄光发光材料对人体无害,因此,用户纷纷放弃采用放射性材料而使用稀土蓄光发光材料。尽管此时放射性材料的持续发光时间仍比稀土蓄光发光材料长万倍以上。

对于用户而言,他们要求的是够用,而不是最好的。一旦够用了,他们的目光焦点马上就转到另外一些属性上去了。在这些属性上,老狗根本没法与野鸡相比,比如,野鸡会飞。

在图1-4中,两条虚线分别是主流市场和利基市场对技术的要求,两条实线分别是老狗技术和野鸡技术能够提供的性能或其他指标。最开始,野鸡技术只能满足利基市场的需求。随着野鸡的成长,一旦它能够满足主流市场的需求,技术的其他特性就显得重要起来,变成优于老狗的技术,从而能在市场上一下子打败老狗。

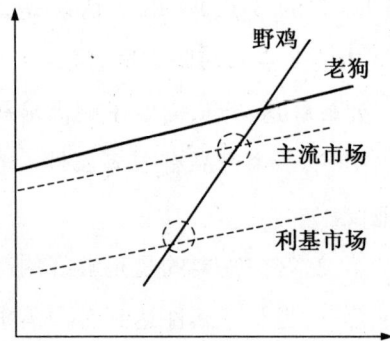

图1-4 新旧两种产品的竞争(续)

经过长期的发展,成熟企业的组织机构、商业模式、产品线、供应链和激励机制等都是经过优化了的,非常高效,这是企业的价值网络。而新产品、新技术往往在一个很小的利基市场中生存,不在成熟企业的视野之中。当新产品、新技术发展到能够满足主流市场的主导需求时,当主导市场的成熟企业察觉到新产品、新技术的威胁时,为时已晚。对于成熟的企业而言,由老产品布局的价值网络会成为企业的拖累,使其无法顺应市场的变迁而导致失败。

抓大不放小,卡位成长

企业在抓项目投资时,应坚持"大"与"小"两手抓,既要"西瓜",又要

"芝麻"。以"大"带"小"，以"小"促"大"，相辅相成，相互促进。

其实，大与小是对立统一的矛盾体，不是绝对对立和一成不变的。强大的事物如果在内部机制上出现了问题，就会变成外强中干、外大内弱的事物。而弱小的事物如果优化机制、调整结构，就会成为小而强的事物。小项目如果做得好，可以带来意想不到的巨大收获。

如果企业找到了一个细分市场，是别人没有进入的或者不成熟的，虽然暂时只是一个小项目，但由于企业在进入时有效地利用和整合了自身优势资源，并最大限度地在其他企业进入此细分市场前设立了商业门槛，从而就能达到阻止和干扰对手瓜分细分市场利益的目的。这种商业行为叫做卡位。有效的卡位能占领细分市场，加上有效的经营，可使企业成为该细分市场的代表者和领军者。

二、依葫芦画瓢，越走越远

中国盛行模仿战略

TCL 集团总裁李东生曾从三星电子的全球化战略中获得信心；联想也曾模仿戴尔的直销模式；以夏新为代表的一批电子企业，更是步伐坚定地模仿索尼和三星；当当学习亚马逊；东方家园是美国 HOME DEPOT的完全克隆版本；中国餐饮业更是大规模地集体模仿麦当劳、肯德基模式。

放眼望去，简单模仿其他企业的成功战略是中国企业战略的本质。

为什么模仿战略在中国如此盛行？

首先，是由于文化。中国的企业从员工到职业经理人都害怕犯错，如果你做的是竞争者正在做的事，就没有人会怪你；但是如果你有独特战略,而不幸走错了,就会成为众矢之的。于是大家宁愿一起犯错,也不愿意单独冒险去尝试做对的事。

其次,是企业的顾虑太多,既想抓住所有的客户,又想提供所有的服务,这样一来就不会有战略。制定战略就是有选择的放弃,选择合适的客户群和市场。如果不愿意舍弃,就只能去模仿了。

案 例 | 荣华鸡为什么竞争不过肯德基

肯德基于 20 世纪 90 年代初进入上海以后,新亚集团成立了荣华鸡快餐公司与其对抗。荣华鸡的老总亲自去肯德基考察。他在口袋里揣了一个怀表,排队买鸡时,掐着秒表,看它的油炸时间,估计它的油温。回来后,自己配制了几种调料,做出了油炸鸡。这样,荣华鸡以其适合中国人口味和比肯德基更便宜的价格,受到了消费者的欢迎。

刚成立的头两年,公司最高日营业额为 11.9 万元,月平均营业额达到 150 万元,两年累计营业额达到 1500 万元,员工两年内发展到近 300 人。其后,北京、天津、深圳等 24 个省市区纷纷向荣华鸡发出了邀请,新加坡、捷克等外商也要求"荣华鸡"飞出国门。1994 年,荣华鸡在北京开了第一家分店,并声称:"肯德基开到哪我就开到哪!"

可是随着时间的推移,荣华鸡在与肯德基的较量中逐渐落入下风。2000 年,最后一家荣华鸡快餐店从北京撤出,宣告了荣华鸡在这场大战中的失败。

中国的不少企业往往都有这种想法:如果已经找到一种在别处已经成功的好方法,而再去动脑筋思考战略问题,纯属浪费时间。于是,很多企业用依葫芦画瓢替代了独立的战略思考,结果却是离成功越走越远,甚至倒闭。荣华鸡和这些企业一样,肤浅地模仿了肯德基的外形,做起了中式快餐,却忽略了肯德基重要的经营理念和管理优势。

虽然肯德基的产品不一定比得过荣华鸡,但肯德基的产品和服务却更加标准化。无论走到中国肯德基的哪一家分店,口味都一样,而这一点荣华鸡无法做到;而且在肯德基就餐的那种休闲、消遣的感觉在荣华鸡是找不到的。

由于荣华鸡没有强有力的竞争优势,那么失败是必然的。

产品外形、功能、外观设计、原材料选用、生产布局乃至商业模式都是容易模仿的,可以在短期内很快见效。而企业的品牌价值、财务控制、质量控制、企业文化、客户关系和供应链等,这些都是需要长期经营和耕耘的(图1-5)。

图1-5 企业模仿的层次

简单地模仿,只能模仿外形,而难以模仿内核,也难以模仿出自己的核心能力。没有核心能力支撑的模仿,难以成功。蛤蟆是两只眼睛四条腿,千里马也是两只眼睛四条腿。

南橘北枳,模仿失败

戴尔一直以来以直销为主。

1992年,PC产业的共识使PC即将从企业走入家庭,而康柏也成功地打开了零售渠道市场。戴尔看到这个趋势后,决定依葫芦画瓢,进军零售市场。但是,靠直销起家的戴尔完全不熟悉零售模式,为了迎合家庭个人用户的需求,必须在接单之前就把产品生产出来,交给渠道商去卖。而许多经销商宁愿多进货,以免无货可卖,可一旦销售不如预期,整批计算机退货就造成了戴尔累积满手的库存。

这个战略转折,让戴尔在那年大赔到差点出局。幸亏亏损的速度很快,而且很快抽手,公司才得以保存。

戴尔模仿康柏的零售模式犹如南橘北枳,戴尔的经营模式完全不适合做零售,反倒使企业遭受巨大的损失。

利润低稀薄,残酷生存

简单地模仿,很容易导致产品利润稀薄,使企业陷入残酷生存的境地。无论是品牌、质量、管理,还是客户认同度,因为发展时间有限,模仿企业无法和被模仿对象相比。

荣华鸡虽然顺利地发展起来了,但当消费者尝试对比后,依然会偏向于肯德基。因为肯德基这个品牌早已为消费者所接纳,荣华鸡一时半会无法达到肯德基多年来积累的品牌认知与消费者认同,也不具备管理优势。

如果荣华鸡想完全实现肯德基那套严格的管理制度,所付出的成本必然会比肯德基高得多,加上需要压低价格和肯德基竞争,那么荣华鸡的收益和利润必然低下。

陷入追赶陷阱,越追落后越多

不少企业都是通过模仿先进技术获利,缺乏吸收创新机制。但随着时间的推移,高端产品最终会被更高端的产品替代而成为低端产品。且随着知识产权保护力度的日益加大,这种模式客观上并不利于这些模仿企业的技术发展,到后来就是越追越远,陷入了追赶陷阱:对手进一步,模仿一步,对手再进一步,再模仿一步,永远落在对手的后面,甚至越模仿,落后越多。

在中国的汽车行业里,河北双环是模仿的典型代表。这家企业在20

世纪 90 年代就开始模仿北京吉普的 212、切诺基,后来又仿制了本田的 CRV、宝马的 X5、奔驰的 smart 等。可以说河北双环所生产的车型中真的很难找到一款不是抄袭生产的产品。

正是因为双环的产品是依靠模仿得以生产出来,丢掉了自己的风格,同时也丢失了自己的研发能力,陷入了追赶陷阱。所以,它虽然入市早,但是到现在却依然是一家小企业。

盲目模仿,丢失了自己的品牌

每个企业都有自己独特的地域条件和产品特点,刻意模仿,往往会使企业成为邯郸学步的少年,最后连自己原有的步法也忘却了,得不偿失。模仿企业总是跟随着别人的脚步,没有自己的竞争优势,一旦失去了市场的主动性,也就丢失了自己的品牌。

像德国的奔驰宝马、瑞典的沃尔沃这样的企业,其产品无论是哪个年代的款型,即使不看车辆标志也可以很容易地认出它们的品牌,这就是因为他们有自己整套的汽车制造风格及企业文化。而我国的多数汽车品牌却没有风格、个性、文化可言,原因很简单,就是因为模仿而失去了自我。

即使模仿企业可以做出一定的成效,由于自身能力不够,做不出自己的品牌,虽然在市场上能够寻得一席之地,但利润和收益也不会高。企业可以做大,却无法做强,这是中国制造业的通病。

走出模仿的运营模式

企业要强大必须走出盲目模仿的运营模式。要因地制宜,根据不同的情况进行适时的创新。企业具有哪方面的优势,就选择最有优势的方面作为切入点。

正确的卡位可使企业创造市场,让竞争对手无法在短时间内模仿,从而争得市场的主导权,再加上源源不断的自主和创新,企业势必会进一步发展壮大。

三、"走出去"最终等于"丢出去"

国际化的必然性

加入 WTO 之后,中国企业的经营环境发生了巨大变化,进入国际市场的障碍大为减少,为企业开展国际化经营提供了更大的发展空间,中国企业全球竞争时代已经到来。中国企业走国际化的发展道路是应对经济全球化的必然选择,企业的国际化战略将是未来企业生存与发展的关键举措。

当前,世界性的社会化大生产网络已经形成,传统的以自然资源、产品为基础的分工格局已被打破,跨国公司在世界经济活动中的突出作用日益明显。国内市场日趋饱和,价格疲弱导致市场机会越来越少,而企业积累的资本、技术和产品需要更新、更大的市场容量。这就要求企业成为国际化的企业。这种趋势不可逆转,也无可回避。要么跨国公司走进来战胜我们,要么我们迎战跨国公司。

越来越多的中资企业逐渐将战略转向开拓海外市场。中国目前对外直接投资也在迅猛增长,可惜的是,由于经验缺乏,成功的案例少而失败的案例多。

案 例 | TCL 国际化的失败

在 2008 年的电子百强排行榜上,出现了七家亏损大户,TCL 首当其冲,这是 TCL 国际化失败的恶果。

1997 年的亚洲金融危机后,TCL 的出口发展受到了极大的挑战。在这样的压力下,TCL 开始尝试走出国门,并于 1998 年在越南设立了第一家海外分公司。在经历了 18 个月的亏损后,越南市场开始赢利。随着越南样板的成功,TCL 陆续开辟了菲律宾、印尼、印度、俄罗斯、阿根廷等新兴市场,并在这些市场中取得了不俗成绩。2004 年,TCL 收购了汤姆逊彩电业务以及阿尔卡特,由此,TCL 向国际化迈出了重大的一步。

由于保留了原阿尔卡特、汤姆逊和 TCL 两套人马以及两套运行体系,TCL 在很多方面失去控制,面临众多整合的困难。为了扭亏和重组欧洲彩电业务,TCL 投入了 9000 万元,致使资金吃紧。2005、2006 年,TCL 集团财务报告显示亏损分别达 3.2 亿元和 19.32 亿元。2008 年,在欧洲市场败退的情况下,北美市场也出现亏损。

国际化并购不但没有给 TCL 带来预想中的成功,相反 TCL 由此陷入了沉重的财务负担。

准备不充分、对国际市场的不熟悉、文化背景的差异,使得 TCL 自并购伊始即陷入泥淖,巨额亏损始终相伴左右。

但除了这些客观因素,TCL 的主要问题在于多元化的经营策略。TCL 的业务范围几乎包括了电子、信息产业的所有领域。TCL 采取的多品牌战略确实可为企业占领更多的市场和渠道,并降低风险,但多种品牌的运作是非常复杂的,不仅耗费大量的广告宣传费用,而且容易混淆客户的品牌概念,形成不了核心竞争力。摆在 TCL 面前的主要问题,是如何巩固自己的核心业务,把不良业务的风险降到最低。TCL 应把目光转向市场需求和自身的优势上,找到合适的切入点,实现以质取胜。

国际化战略存在的问题

中国的很多企业认为在国内发展得好了,很自然就想走出国门。但却没有在走出国门之前对国外的市场进行充分、详细、全面的了解,没有对将要发生的走出去之后的事情有一定的了解和应对措施,而是凭着满腔的热情走了出去。走出去之后才发现事实和目标之间的差距,才看到国际化道路的艰难。

其实国内企业的国际化还处于刚刚启动阶段，未来还有很长的路要走，还有很多坎要过。中国企业的国际化战略尚不成熟，还存在一些问题需要注意：

战略目标不清晰

很多中国企业在走出去时，并没有一个清晰的战略重点。有的企业一些投资决策带有浓厚的机会主义色彩；有的企业由于投资决策失误，不仅没有获得预想的收益，反而付出了巨大代价。

市场行情不了解

企业走出去的目的是到海外市场进行投资生产，然后销售产品，因此，前期对市场的了解是必不可少的。了解的目的是为了知道企业的产品在当地是否有市场、是否有竞争力，这样才不会发生走出去之后才发现企业的产品根本不适合当地市场需求的问题。

中国某市物资局下属的塑料编织袋厂，20世纪90年代初在秘鲁投资10多万美元，开办了一家塑料编织袋厂。因为秘鲁生产大量鱼粉，而本国编织袋供给不足，每年需要进口大量的鱼粉包装用编织袋，因此该决定进行投资。但项目投产后才发现产品在秘鲁没有销路，原因是秘鲁政府有规定，包装用鱼粉编织袋为政府采购项目，生产企业首先应列入政府采购的厂商名单，才有资格竞标，从而得到配额，否则禁止销售。而之前该编织袋厂家对此一无所知，导致产品无法销售出去。

编织袋厂在走出去之前对秘鲁的市场进行了调查，所以才会知道秘鲁每年需要进口大量的鱼粉包装用编织袋，并决定在那里投资建厂。这点他们做得很到位，但却不够全面，因为他们只做了对市场的调查了解，却忽视了对当地特殊政策的了解。

管理体制不健全

中国企业的海外投资管理体制，是自改革开放以来随着海外投资事业从无到有、从小到大的发展历程逐步形成的，已经不能满足目前海外投资和企业跨国经营业务发展的需要。不少企业在海外投资收益较低，甚至出现重大投资损失,正是管理体制不健全的直接反映。

目前,我国走出去的企业大多是通过并购的形式,如上汽并购双龙、平安收购富通等,这就给企业提出了一系列必须要面对和迅速解决的问题,例如,如何解决企业的决策权力的归属问题、组织管理方式、发展战略和企业文化差异等一系列的问题,都是企业必须要迅速解决的;否则,将会影响企业的发展。

文化差异不重视

不同国家、不同地域的文化之间存在着巨大的差异,如果企业不懂得当地消费者背后的文化,不懂得客户的心理,自然不能掌握当地的市场行情,也不可能将自己的产品真正融入国际化,仅仅只是"出口"而已。

就三星来说,当三星公司准备将业务扩展到国外时,通常要派几个人先在这些国家生活一段时间,然后回国向总部递交一份关于当地社会经济、风土人情的报告,这份报告将是今后海外公司在这一区域商业运作的重要依据。

人才选择不专业

国际化运作相当复杂,而中国企业不少涉外管理人员大多只是有外语专长或在国外行政事务部门有过工作经历,但缺乏国际贸易、投资、金融等方面的专业知识和技能,实际上很难有效实施企业的国际化战略,甚至还增加了企业商业的风险。

规则不熟悉

对各类陷阱缺乏警惕性和辨别能力。看似是"馅饼"的海外并购,其实是个陷阱,企业如果缺乏对其的警惕性和辨别能力,就会落入陷阱,难以自拔。

国际化成功的策略

国际化战略的中心环节就是要提高企业的国际竞争力。

只有提高企业自身的核心竞争力才能支撑企业过去、现在和未来的竞争优势,才能使企业不断地对各种资源、要素进行优化配置和组合,才能使企业获得比竞争对手更高的市场份额和利润或更高的投资回报。

首先要做好海外目标市场的选择工作,采用循序渐进的方式逐步进入市场,然后结合企业的自身优势,寻找适合的切入点。正确有效的卡位可使企业专业化发展,并成为领先者,实现市场渗透,同时建立各种壁垒,不断提升企业的国际竞争力。

海尔集团在美国市场上就恰当地运用了卡位。它并未直接向 GE、惠尔浦等企业占优势的 200 升以上的大型冰柜发起攻击,而是在美国市场开发出了从 60 升到 160 升的各种类型的小型冰柜和设计新颖的酒柜,然后再考虑市场的全面渗透。

四、形势比落实更重要

很多企业的失败,不是因为企业管理不好,也不是因为企业技术力量不强,最大的可能是企业的战略错了,错误地估计形势,或者忽视形势的变化,最后丧失了竞争优势。

认清形势是落实的基础

有这样一句话:形势比人强。企业战略规划就是评估企业的形势,分析企业的优势、劣势、机会和威胁,选择和确定企业的总体目标,制订和选择行动方案。当企业对形势判断出现严重失误时,可能会承担破产的后果。相应的,如果企业顺应了形势,制定并落实了适宜的战略,那么它将从中受益。

20 世纪 80 至 90 年代,IBM 公司推动了个人电脑的兴起,却误判了形势,受到破产的威胁。同样,惠普公司由于制定了切实可行的公司战略,从而显现出繁荣发展的景象。

华为的兴起也是起因于对电信业发展形势的正确判断。

创立初期,国内在程控交换机技术上基本是空白,华为总裁任正非敏感地意识到了这项技术的重要性,他将华为的所有资金投入到研制自有技术中。很快,华为就研制出了 C&C08 交换机。由于价格比国外同类产品低三分之二,而且功能与之类似,因此 C&C08 交换机的市场前景十分看好。

但是,当时的国际电信巨头大部分已经进入中国,盘踞在各个省市多年,而且为了挤兑国内的新兴电信企业,开始大幅度降价。华为要与这些拥有雄厚财力、先进技术的百年老店正面交锋,未免是以卵击石。当时,国际电信巨头的分支机构最多只设立到中国省会城市以及沿海的重点城市,对于广大农村市场无暇顾及,而这正是华为这样的本土企业的优势所在。另外,由于农村市场购买力有限,即使国外产品大幅降价,也与农村市场的要求有段距离,因此,国际电信巨头基本上放弃了农村市场。

任正非看清了电信业的形势后,马上投入到了农村这个细分市场。事实证明,这个战略不仅使华为避免了被国际电信巨头扼杀,更让华为获得了长足发展,培养了一支精良的营销队伍,成长起来一个研发团队,积蓄了打城市战的资本。

企业必须注意的形势

企业必须注意以下四类形势(图 1-6):

第一类是宏观形势。宏观形势是指对企业的中长期发展方向、战略具有重要影响的外部形势,包括全球发展趋势、国家政策、人口发展趋势、金融形势和劳动关系的变化等。很多人惊叹于日本的小汽车长驱直入欧洲和美国市场,实际上日本汽车公司早就制定了在石油短缺的情况下的发展战略,同时尽量开发小型节油汽车。

突发形势

宏观形势

外部的大规模突发事件 →
产品危机 →
经济危机 →
重大舆情 →
人事危机 →

全球发展趋势 →
国家政策 →
人口发展趋势 →
金融形势 →
劳动关系的变化 →

形势

财务形势、现金流状况 →
重大项目 →
重大产品 →
客户关系 →
对未来的储备 →

消费者需求的变化 →
重大的技术变化 →
行业竞争格局的变化 →
行业标准 →
行业政策 →

企业形势

行业形势

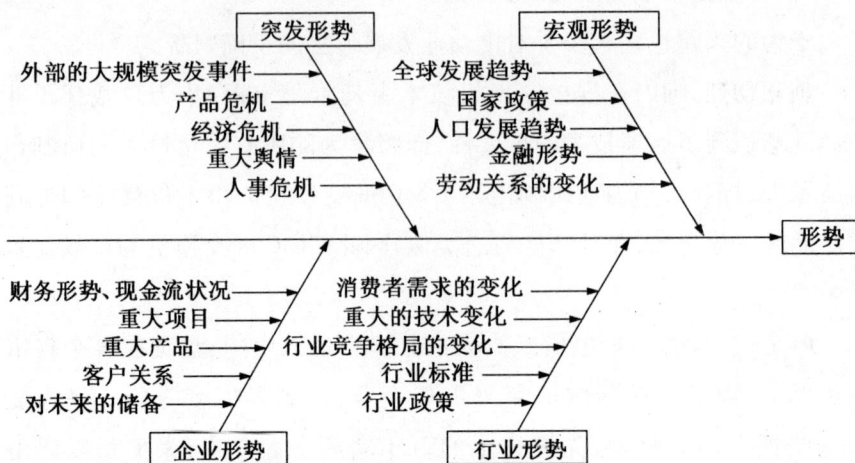

图 1-6　企业必须注意的各种形势

20 世纪 60 年代末,美国汽车工业的"三巨头"——通用、福特和克莱斯勒汽车公司——几乎是不约而同地作出集中生产体积大、耗油多的小汽车的决策。然而在不久之后爆发的"石油危机"的侵袭下,这三家企业正在实施的战略计划被冲得支离破碎,根本应付不了市场的突变。欧洲市场也是类似的情况。此时,日本将早已研制好的轻型节油小汽车大量投放欧美市场,它们如鱼得水,一举攻占了欧洲和美国市场,并登上了世界小轿车市场的霸主地位。

第二类是行业形势。行业形势影响着企业的运营和战略方向,包括行业政策、行业标准、行业竞争格局的变化、重大的技术变化及消费者需求的改变等。

第三类是企业形势。企业形势来自企业内部,能够直接影响企业运营,包括企业的财务形势、现金流状况,企业的重大项目、重大产品的状况,企业客户关系的变化以及企业对未来的储备等。与宏观形势和行业形势不同,企业形势是企业自己能够把握和控制的。

第四类是突发形势。突发形势包括外部的大规模突发事件、产品危机、经济危机、重大舆情和人事危机等。企业利用得好,可以带来重大收益;企业利用得不好,可以导致重大损失。突发形势的特点就是突然性,它需要企业快速反应和应对。

相信读者都还记得中美史克PPA事件。2000年11月,国家药品监督和管理局发布的一则《关于暂停使用和销售含苯丙醇胺的药品制剂的通知》,宣布暂停销售含有PPA(苯丙醇胺)的15种药品。史克公司的两个主打产品康泰克和康得正含有这种成分。康泰克在过去的10年多时间,占据了感冒药非处方药市场份额的40%,这样一来,康泰克一下子被推到了浪尖,几乎所有的人把目光一起投向了康泰克的生产制造商史克公司。

当整个事件结束后,史克处理危机时的表现被当作企业今后处理类似突发形势的典范。史克妥善做好了危机公关,由于扣住了处理大股东、消费者、经销商、企业员工关系这四大命门,所以顺利地度过了危机,为后来新康泰克的复出创造了条件。

认清形势去卡位

认清形势,抓住机遇,是企业成功的重要条件。企业务必在其所从事行业的蓬勃发展阶段,紧紧抓住各种机遇,才能获得市场的主动权。而机遇往往是偶然的,可遇而不可求,需要去创造,也需要去寻找。一旦找准切入点,有效卡位,离成功也就不远了。

例如,华为集团在进军海外市场时,认真研究了国际市场的形势,决定不正面和欧美跨国公司碰撞,而采用了在国内使用过的先迂回侧翼的战略。

1995年,华为启动了拓展国际市场的艰苦漫长旅程,起点就是非洲和亚洲的一些第三世界国家。经历了六年的漫长拼搏,终于有了成效。华为的产品成功进入了非洲、亚洲等十几个国家,年销售额超过3亿美元。华为的品牌也从这些第三世界国家逐步走向全世界。

第二章

定位再到重新定位：特劳特的困惑

30年前,特劳特和里斯提出了"定位"理论,成为影响深远的营销理论。30年过去了,市场已发生变革性的变化:全球化使世界各国的企业在同一个屋檐下竞争——竞争加剧,影响竞争的因素复杂化。信息化使各种信息在消费者的脑中穿梭——信息爆炸,消费者无所适从。不变的是市场竞争的残酷性。

在非洲,瞪羚每天早上醒来时,它知道自己必须跑得比最快的狮子还快,否则就会被吃掉。狮子每天早上醒来时,它知道自己必须追上跑得最慢的瞪羚,否则就会饿死。

不管你是狮子还是瞪羚,当太阳升起时,你最好开始奔跑。

曾经的理论所言:企业定位,需要始终如一,坚持数年。在30年前,这是可行的。在今天,许多行业产品生命周期以月计算,"定位"是一项奢侈的营销活动,但市场的变化促使企业不断"重新定位"。同时,消费者也变得更加挑剔,他们不再是被动接受,他们需要个性化的商品,他们变得没有耐心,他们需要第一时间获得商品。

零时间、零距离,这就是今天企业的竞争生态。就像在奔跑中打靶时要瞄准是艰难的一样,在这种竞争生态下,"定位"也是艰难的。

一、市场全球化的陷阱

商品、劳务、技术、货币、资本的跨国自由流动,资源在全球范围中的优化组合,使世界各国经济紧密联系起来,相互渗透,相互融合。各国经济越来越深地卷入到统一的世界市场体系,这种现象就是市场全球化。

处于市场全球化浪潮中的中国,与世界经济的整体联系日趋紧密。市场全球化在为中国企业带来巨大发展机会的同时,也成为严峻的挑战,稍有不慎,就会跌入市场全球化的陷阱,遭受无可挽回的损失。

穿越过内海,就能成功穿越大洋吗

从直观上看,全球化打破了各国市场之间的樊篱,形成了一体化的大市场(图2-1)。

如果把全球化之前的市场比作一个个内海,那么全球一体化的市场就是更大、更广阔、更浩瀚的大洋。和内海相比,大洋中有更高的海浪和无尽的冰山。而一艘在内海安全航行数十年的货轮,就能够毫无风险地穿越大洋吗?

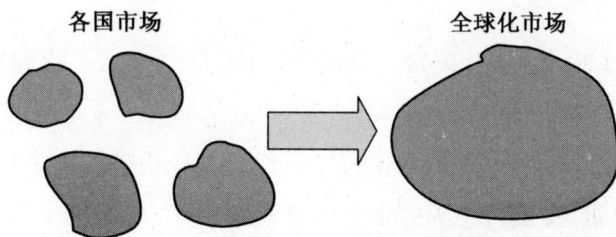

各国市场　　　　　　　　全球化市场

图2-1　市场全球化的直观理解

英国皇家游船泰坦尼克号是 20 世纪初英国白星航运公司制造的一艘豪华客轮,是当时世界上最大的豪华客轮,称为是"永不沉没的船"。泰坦尼克号共耗资 7500 万英镑,吨位 46328 吨,长 882.9 英尺,宽 92.5 英尺,为英国白星航运公司的乘客们提供快速且舒适的跨大西洋旅行。1912 年 4 月 10 日,泰坦尼克号从英国南安普敦前往美国纽约,开始了这艘"梦幻客轮"的处女航。4 月 14 日晚 11 点 40 分,泰坦尼克号在北大西洋撞上冰山,2 小时 40 分钟后沉没,这是迄今为止最广为人知的一次海难。

"永不沉没的船"在首次出航便沉没海底,更何况那些没有远洋经验、船身不够坚固、也不曾有过远航经验的内海航船呢?

长虹、TCL、联想,这些我们耳熟能详的优秀企业,均不约而同地在国际化过程中遭遇了冰山,伤痕累累。这些优秀的企业尚且如此,何况其他企业呢?

金融陷阱:企业的绞肉机

全球化之后,资本和商品取得了充分的流动性,一旦国际市场行情变化,便会诱发危机。

市场全球化导致风险快速传递和集中爆发,使企业遭受重大损失。其中金融危机传递最快、破坏力最强,而金融杠杆更是成倍地增强了这种破坏力。

20 世纪 90 年代初,英镑大幅贬值,英国被迫退出了欧洲汇率机制。不久,日本房地产泡沫经济破灭,造成 80 万亿日元的金融呆账。1997 年的亚洲金融危机,严重打击了各国经济。2008 年由美国次贷危机引发的全球金融危机,更使得中国的企业伤痕累累。

"澳元门"事件便是最好的证实。2008 年 10 月 20 日,中信泰富集团突然发出盈利警告,指出为了减低澳洲西澳大利亚州铁矿项目面对的货币风险,集团与汇丰及法国巴黎银行签订了多份累计杠杆式外汇买卖合约,但后因澳元大跌而亏损逾 150 亿港元,预计全年业绩将全部亏损。翌日,中信泰富股价急跌 55%,收市报 6.52 港元,跌 8 港元,跌至 1991年的水平。随后,中国中铁、中国铁建等大型企业也因澳元的汇率暴跌栽了跟头。同年 10 月 22 日,两家央企上市公司的 A 股双双跌停,而中国中铁 H 股更是暴跌 20.48%,中国铁建 H 股也暴跌 16.07%。就在同一天,中信泰富再跌 31.23%,中海油服 H 股跌了 16.31%,大唐发电 H 股、江西铜业 H 股、中海发展 H 股、中国远洋 H 股等一大批股票的跌幅都在 10% 以上,当然他们都在澳洲有投资。

从中信泰富,到中国"双铁",再到更多的中资公司都栽在了澳元上。不难看出,我国企业对于外汇风险的防范还比较缺乏,一旦世界金融环境恶化,企业必定遭受无妄之灾。

客场劣势:走出去之难

在足球比赛中,参赛队普遍存在客场劣势现象。主要原因是运动员对客场参赛环境不适应,因为旅途、时差、气候、赛场环境、赛场气氛等原因发挥不出最佳状态。

发展中国家的企业在参与全球化竞争过程中,也会不同程度地受到客场劣势的影响。而其中最主要也最明显的影响是:

非关税壁垒

我国的许多产业尚处于工业化过程中,产品的国际竞争力低下,很难进入发达国家市场。同时发达国家在产品质量、环境保护、知识产权等领域设置了非关税贸易壁垒(图 2-2),增加了我国企业参与国际竞争的困难。这样的例子已经有很多。

2007—2008 年,由于遭到很多限

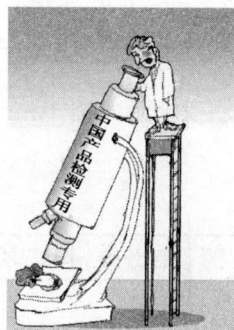

图 2-2 中国产品遭遇
非关税贸易壁垒
(图片来源:《技术性贸易壁垒协议》)

制,中国钢铁产品实际上已经退出了欧美市场。

2009 年 1—6 月,有 15 个国家和地区向中国发起了 60 起贸易救济调查,涉案金额高达 82.76 亿美元,而 2008 年全年中国涉案金额仅为 62 亿美元。贸易摩擦数量之多、涉案金额之大,均称得上是前所未有。

文化的复杂性

全球化多国、多元的文化,增加了商业活动的复杂性。缺乏预防、处理跨国文化冲突的经验,企业可能会出现决策不当等问题,严重时会陷入瘫痪。

渠道和人脉的复杂性

国内企业缺乏市场全球化所必需的知识、渠道和人脉,难以在国外建立起营运所需的"本地能力"。中国企业没有渠道,只能通过 OEM 或代理商进入他国市场的方式,占据不了价值链的有利地位。

协调成本问题

跨境协调所带来的成本是高昂的。协调成本包括直接成本和间接成本。直接成本包括出差、出航、跨国电话会议中所消耗的时间和资金。间接成本包括多国与多地区间客户、生产运营、设计研发中心和供应商等的安排产生偏差所带来的损耗。

被动接受技术规则

在信息技术、生物技术等高新技术领域,发达国家领先于发展中国家,产业技术标准也是在发展中国家没有发展该产业的时候制定的,发展中国家一旦发展这些新技术产业就必须遵守这些他们并未参与制定的规则,并为此而付出代价。

案 例 | 走出去,长虹之痛

2001 年,长虹和 APEX 合作把长虹彩电推入美国市场。长虹负责彩电的生产并从国内出口到美国,在美国以 APEX 的品牌,通过以沃尔玛为代表的美国大型连锁超市销售。销售货款通过沃尔玛转到中介机构账上,再在长虹和 APEX 之间分配。

2001 年一年,长虹一家的出口量占到全国彩电出口量的一半以上,其中 90% 以上依靠 APEX 完成。2002 年 1—9 月,长虹主营业务收入为 103.85 亿元,大部分增长来自出口贡献;2002 年上半年,长虹净利润比上年同期增长 400% 以上,主因亦为出口增长。

2003 年,APEX 向长虹签发了 37 张支票,总价值为 7000 万美元。中国银行曾多次与 APEX 公司的业务往来银行联系,要求兑现这些支票,但均遭拒绝。截至 2004 年 10 月 29 日,APEX 已拖欠长虹应收货款 4.72 亿美元。

2004 年 12 月 20 日,长虹以一组 APEX 总裁季龙粉于当年 10 月 29 日中午签订的还款协议为依据,向美国加利福尼亚州洛杉矶高等法院申请临时禁制令,要求法院禁止 APEX 转移资产及修改账目。

2005 年 1 月,APEX 开始反击,向长虹提出反诉,并以毁坏了其商业信誉为由要求长虹赔偿。

剑拔弩张之后,双方最终于 2006 年 4 月 11 日达成和解。长虹与 APEX 及季龙粉三方签署和解框架协议,APEX 愿意承担对长虹 1.7 亿美元的债务,待协议履行完毕后撤销诉讼。

随后,APEX 开始用部分实物资产抵债。基于 APEX 逐渐按照协议清偿欠款,诉讼各方于同年 7 月 6 日签署了《撤销诉讼及保留诉讼时效的协议》,法院也于同日撤销此案。

长虹通过 OEM 的方式为快速进入美国市场创造了条件。但在产品发送过程中由于没有很好的风险控制体系,最后导致大量应收账款无法回收。

近年来,走出国门的国内企业逐渐增多,或成或败的案例均不在少数,长虹与 APEX 的欠款纠纷案无疑给许多国内企业上了教训深刻的一课。

二、零距离,世界是平的

从前的企业要发展 20 年,才能变跨国,今天创业第二天就跨国的却比比皆是。未来 MBA 最需要的,就是跨业、跨国合作的管理能力。

——托马斯·弗里德曼

畅销书作家弗里德曼所著的《世界是平的:21 世纪简史》一书连续64 周位居亚马逊书店销售前十名。书中把全球划分为三个阶段。

全球化 1.0 阶段:始于哥伦布发现美洲新大陆,从 1492 年持续到1800 年。劳动力推动着这一阶段的全球化进程,这期间世界从大变为中等。

全球化 2.0 阶段:从 1800 年持续到 2000 年。这一阶段全球化的主要推力是跨国公司。同时,运输成本与通讯成本的下降推动了一体化的进程,各国之间有了充足的商品和信息流通,出现了真正的全球市场。从蒸汽船、铁路到电话和计算机的普及,是这次全球化的技术推动力。这期间世界从中等变小。

全球化 3.0 阶段:从 2000 年开始。世界成为平的,个人成为主角。软件的不断创新、网络的普及,让世界各地的人们可以通过因特网轻松实现自己的社会分工。世界变得零距离。

零距离下企业市场空间的拓展

零距离下企业市场空间的拓展可分为两类:原有市场的扩大与新兴市场的兴起。

全球化使企业走向国际化市场,企业原有的市场扩大了,机遇也就增加了,以前只能针对某地区,而现在面对的是全球大市场。同时,全球化可以使之前不可行的商业理念转变为可行的现实。

假设某一产品或者服务的目标客户群是一小部分特有的人群,就算在美国这样的人口大国中,这一产品或服务的市场规模也仅为数千人。如果拿到全球市场上,其市场规模可能就会增加 10～20 倍,从而为这种新兴的企业发展提供了经济上的可能性。

零距离下供应链实现了全球化

弗里德曼总结了 21 世纪企业的七大制胜法则。

法则一：世界被铲平。当你也感受到铲过来的那股力量时，请找一把铲子向自我的内在挖进去，千万别想要筑墙。

法则二：小应该要做大。小公司想要发展，就要学做大。关键就在快快学会怎么利用新工具，参与全球竞合，把事业搞得更远、更快、更广、更深。

法则三：大应该做小。大公司要在抹平的世界里蓬勃发展，要注意细节，以客户为主，提供无微不至的服务。

法则四：最好的企业将是最好的合作者。在被抹平的世界中，越来越多的任务都必须透过企业内外的各种合作来达成。道理很简单：未来的价值创造，无论在科技、营销、医学，还是制造都会变得复杂至极，绝非单一部门或单一企业所能掌握的。

法则五：世界被抹平后的第一流公司会定期去照胸部 X 光来保持健康，并把结果卖给客户。

法则六：第一流公司外包是为了制胜，而非缩编。外包是为了更快、更便宜的创新，为了成长，为了取得更大的市场，为了请更多、专精各不相同的人才，而不是为了省钱炒更多人的鱿鱼。

法则七：把工作包去海外的，不仅是那些不爱自己土地的人在做，有理想的人也在做。

跨国企业在全球布局它的物流、运输、仓储、制造、研发、IT、客户服务。这为中国企业带来了新的发展机会：与跨国企业合作、融入跨国企业的价值网络之中。

零距离下人力资源的流动增强了

市场全球化带来了人力资源的国际化和零距离，人才的零距离意味着企业的机会。

企业可以突破人才上的瓶颈,直接从全球吸引优秀的人才,他们具有国际化的意识、胸怀,掌握国际一流的先进知识结构,在视野和能力等方面都具备国际化水准。

当企业拥有这样的人才时,就拥有了与对手同样的视野和直接或间接的经验,从而增强了企业的竞争力。

零距离下创设了不受限制的市场环境

随着信息网络、电子通信、国际互联网以及其他技术的迅速发展,消除了企业和人与人之间地理隔离,创造了一个不受地理边界限制和束缚的全球工作环境。

新技术的发展不仅提高了企业的生产效率,也降低了交易成本。网上营销、网上磋商、网上订购、网上支付、电子账户、服务传递、意见征询、交易管理,电子商务对国际贸易领域的方方面面带来了深刻的影响。

案　例 | **阿里巴巴电子商务网站和广交会**

广交会是中国进出口商品交易会的简称,每年春、秋两季在广州举办。从 1957 年开始举办的广交会不仅开启了中国的外贸大幕,也就此开始演绎了中国对外贸易螺旋上升的发展脉络。此后半个多世纪,广交会历经百届洗礼,从未间断,被人们看作是中国外贸发展历程的第一"镜像"。

阿里巴巴是全球企业间(B2B)电子商务的著名品牌,汇集海量供求信息,是全球领先的网上交易市场和商人社区。首家拥有超过 1400 万网商的电子商务网站,遍布 220 个国家和地区,成为全球商人销售产品、拓展市场及网络推广的首选网站。

阿里巴巴电子商务网站作为新兴的外贸方式,在线上进行外贸交易,与类似广交会线下的交易构成了直接竞争。而且电子商务在外贸交易成本上的优势更加明显,更容易受到中小企业的青睐。

一般广交会的展位是分配给各个省市的贸易代表团,再由各省市分配给地方企业。由于广交会展位属于稀缺资源,极为抢手。所以,一般从地方代表团获得展位又要加价。

广交会展位分规模和地段从几万到十几万不等。除此之外,广交会对参展企业还有出口金额要求,以工业类、纺织服装类流通型企业为例,出口金额最低要求东、中、西部分别是 300 万、200 万和 100 万美元。不少中小型企业受此门槛限制,只能望会兴叹。

相比之下,阿里巴巴等电子商务网站对于注册会员"零门槛"的要求,无疑更具吸引力。阿里巴巴电子商务网只需在注册会员时收取一定的费用,收取的标准是:普通会员免费;诚信通个人申请 2300 元/每年,企业申请 2800 元/每年;国际网会员 4 万～8 万元/每年,根据企业项目情况而定。

2006 年 4 月,几乎是与当年春季广交会同期,阿里巴巴的首届网交会也在线上开幕。据阿里巴巴方面称,其首届网交会覆盖 20 个热门行业,吸引了 400 万商人通过"贸易通"和"支付宝"完成在线交易,远多于同期广交会 20 万的参展商人数。

广交会的发展一直呈平稳上升趋势,但在 2008 年,由于受到金融海啸的影响,参展商与交易额均出现不同程度的减少,此届广交会第一期出口成交额下降了 20.8%,第二期成交额下降了 14.9%(图 2-3)。

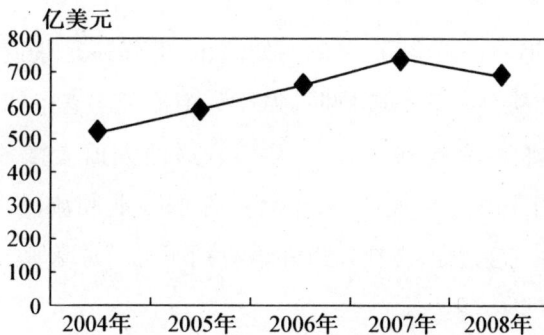

图 2-3 广交会历年成交额

通过阿里巴巴所达成的交易属于线交易,无法统计。

图 2-4 所示的是阿里巴巴在国际市场的会员费收入。会员费收入的急速上升趋势明显地反映出外贸电子商务领域的快速发展。同时也可以看出,阿里巴巴在 2008 年的经济危机中并没有受到很大影响。

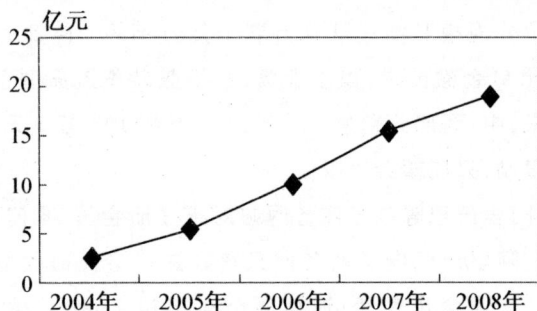

图 2-4　阿里巴巴国际市场收入

现在越来越多的企业,特别是中小企业趋向于通过网上交易,这样既可节省成本,也更容易找到更多的客户。

三、潮流的速度不可预测

有一只猫追着一群老鼠,老鼠四处逃窜,但猫还是紧追不舍,就在快要追到的时候,突然传来一阵狗叫,猫掉头跑掉了。老鼠四处张望,也没有找到救了它们性命的狗。这时,从粮仓后面大摇大摆地走出一只老鼠,这只老鼠对那群老鼠说:"唉,早就叫你们跟上潮流,学一门外语,可你们就是不听。怎么样,现在知道外语有用了吧。"原来是这只老鼠学狗叫,把猫吓跑了。

看得出来,这是一只跟着潮流走的老鼠,学外语的潮流来了,它就学起了外语,没想到,还真的派上用场了。当然,这只是一个笑话,但笑过之后,我们却不得不为潮流的发展速度和影响力之大而感慨。

随着现代信息革命的深入和经济全球化进程的加快,世界各国和各地区的经济相互交织、相互影响、相互融合成统一整体。于是,企业所处的市场环境发生了根本的变化,国内企业将更真切地感受到商业环境的瞬息万变与捉摸不定,潮流的速度不可预测。由此,瞬息万变的商业环境、快速变化的产品需求使企业的运营由阵地战变为运动战,由打固定靶变成打移动靶,难以瞄准、难以定位。

企业竞争环境的复杂化

世界的经济体系和全球化的商业运作,全球范围的技术、资本、劳动力和原材料市场体系的扩大,不同国家的政策、法律制度、经济发展水平、社会文化风俗的差异,即时信息和通讯手段的快速发展,竞争对手公司策略的灵活反应,这些都促使企业面临的市场竞争环境趋于复杂、竞争对手增多、经营风险增加。

中国企业致命的弱势,体现在缺乏对新的市场环境的准确分析和判断能力。商海茫茫,很多中国企业只是拥有昙花一现的辉煌,便消失得无影无踪。

企业竞争内容的多样化

随着全球化进程的加快以及市场竞争的加剧,企业之间的实质性差异已渐渐消失,消费者更加注重产品和服务带来的心理感受,而品牌正好迎合了消费者的需要,因此企业之间的品牌之战不可避免。

由于新产品层出不穷,产品的生命周期大大缩短。企业要保持市场竞争力,就得不断地推出新产品。这又需要企业不断地进行技术创新,而技术创新又需要大量的资金和优秀的人才,这就需要企业拥有雄厚的实力。

因此,市场竞争内容表现为除产品和服务以外的品牌竞争、技术竞争、人才竞争、实力竞争、营销模式竞争以及企业文化竞争等。而很多中国企业就是因为不适应这样的竞争,纷纷落马,这样的例子屡见不鲜。

市场形势的快速变化

目前越来越多的企业感到：一种产品在市场上几十年不变仍然能够保持垄断或寡头垄断地位的日子已经一去不复返了。现在，产品的市场寿命越来越短，产品两年一升级、四年一换代的现象屡见不鲜。产品的导入期和成长期正越缩越短。企业投入大量的资金生产出一种新产品，甚至还在导入期，投资还远远没有收回时，就已有竞争对手出现了。

案　例	从 Walkman 到 mp3 再到 iphone

纵观随身听机体的演化过程，可以切实地感受到市场形势的变化之快。从 Walkman 到 mp3 再到 iphone，演化过程不到 30 年，但是在这不算悠久的历史中，消费电子的变化和发展却是惊人和前所未有的。

下面是一个"80 后"男士的亲身经历：

"记得我的第一台随身听是在初中时买的，当时家里为了支持我学英语，给我买了一台爱华牌的磁带机，具体型号已经记不清楚了（图 2-5）。那时刚流行双声道，一听就上瘾了，每天上学放学都别在腰间。但它需要用五号电池，待机时间大概只有三小时左右。"

图 2-5　爱华磁带机　　　　　　图 2-6　索尼超薄磁带机

"考上重点高中时，爸妈送我一台索尼 Walkman 超薄的磁带机（图 2-6），它的超重低音深深地吸引了我，待机时间也增加了。"

"高二时,开始流行 CD 机(图 2 - 7),我也跟风买了一个松下的。说实话,音质效果绝对棒,只是 CD 的保存很麻烦。"

"大学时,市面上开始卖 mp3,它的便捷和灵巧吸引了我,还可当优盘用。找到了一款超喜欢的 Iriver T10(图 2 - 8),绿色的,内存 1G,到现在几乎还是新的,造型很新颖,音质也很不错。"

图 2 - 7　松下 CD 机　　　　　　图 2 - 8　Iriver mp3

"mp3 没流行两年,mp4 就出来了,只花了不到 700 元就买了一台纽曼 M950(图 2 - 9),它的功能让我吃惊,既可听音乐,也可看电视、电影,甚至可以摄影。"

图 2 - 9　纽曼 M950 mp4　　　　图 2 - 10　苹果手机 iphone

"上班后,买了苹果手机 iphone(图 2 - 10),内存 4G,除了手机、mp4 的所有功能外,还可上网、传输数据等,科技的发展真让我惊讶啊!"

艰难定位不如准确卡位

在经济全球化的影响下,国内企业别说跨出国门,就是在国内都面临着极大的挑战和冲击。在这种形势下,大胆自主创新,寻找新的发展领域或市场,确实是企业走出困境的主要策略。但市场的快速变化使得多数企业不敢轻举妄动。企业定位的难度不小,而且前期的费用和风险是很多企业所不能承受的,企业能量在定位、重新定位过程中消耗殆尽。

其实,企业可以不做开路先锋,而是寻找"市场空隙",乘虚而入。企业可以在产品的质量、数量和功能上,甚至在推出时间、市场空间、应用范围、支付手段和对服务的需求上,寻找空隙和差距,整合自身的优势,进行有效的卡位,占领市场。

四、影响决策者的资讯复杂化

现在,影响决策者的资讯越来越复杂,增大了决策的难度。

据比利时《晚报》披露,富通集团在 2007 年 9 月决定出资 134 亿欧元并购荷兰银行的时候,有意隐瞒了所持有的美国次级债券的具体情况以及对其财务的影响。

2007 年 9 月 21 日,富通集团曾发表公报称,次贷危机对其财务影响有限,"即使美国次贷危机的严重程度扩大两成,富通集团所受损失大约也只有 2000 万欧元"。截至 2007 年 8 月底,富通集团共持有 57.15 亿欧元的债务抵押债券,其中 51.28 亿欧元来自美国。而在这批债务抵押债券中,约有 12.54 亿欧元是"中级品债务抵押债券"。

随着美国次贷危机的加剧,富通集团内部开始承认,美国次级债券投资的亏损额约占总投资的 10%。直到 2007 年 11 月 8 日富通集团发布第三季度财务报告时才对外宣告,其债务抵押债券的亏损额约为 4 亿欧元。从这时起,富通集团对外公布的亏损额逐步上升,截至 2008 年 9 月 28 日,亏损额约为 40 亿欧元。而此前中国平安对富通集团财务状况的了解也仅仅是通过该集团的财务报告等公开信息,未对被并购企业的真实信息进行搜集、分析和挖掘。

信息来源的渠道多了,各种各样的信息也就多了,鱼目混珠、扰乱视听的信息也就多了,这给企业的决策者带来一定程度的困扰。如同富通一样,为了隐瞒企业亏损的事实,制造了假信息,希望能通过这些假信息把自己卖一个好价钱。而中国平安正好中了富通的圈套,相信了富通虚假的财务信息,相信了富通的财务状况,并没有对这些信息进行深入的调查来验证信息的真伪,为其并购的失败埋下了祸根。

所以,企业的决策者在进行决策的时候,在面对一些重要的信息的时候,一定要深入实际,辨别真伪,然后根据真实的信息做出正确的决策。而绝对不能全盘接收,在没有辨清真伪的情况下就贸然做出决策,最后往往会给企业带来巨大的损失。

获得成功的公司往往能够按照环境大趋势,不断地评估行业内发生的各种变化,以便根据自身状况,对外部环境做出及时的反应。

影响企业成败的因素增加

20 世纪 80 年代初,市场上商品稀缺,是卖方市场,只要能生产出产品就能卖出去。那时企业的主要任务就是生产,不需要分销。企业的销售模式基本上是坐着等客户上门来买货,以"守株待兔"式的坐销模式来销售产品。

20 世纪 90 年代,市场由卖方市场向买方市场过渡,竞争激烈化。企业和企业之间靠的是整体实力的竞争。

2000 年以后,随着中国加入 WTO,进入激烈的全球化市场竞争时代。企业必须以尽可能短的时间,以顾客能接受的价格提供个性化的产品。企业和企业之间是全方位的、复杂的、动态的竞争,覆盖生产、采购、财务、质量、成本、销售、市场、技术支持、人力资源、国际贸易、技术创新、公共关系、危机管理和企业文化等多个层面(图 2 - 11)。

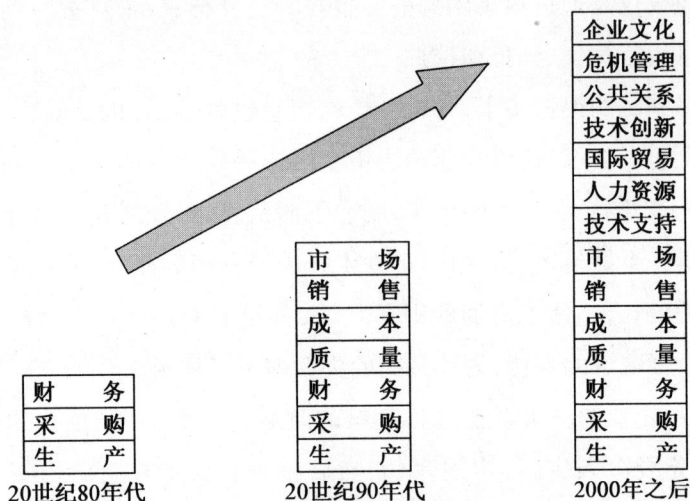

| 企业文化 |
| 危机管理 |
| 公共关系 |
| 技术创新 |
| 国际贸易 |
| 人力资源 |
| 技术支持 |

| 市　场 |
| 销　售 |
| 成　本 |
| 质　量 |
| 财　务 |
| 采　购 |
| 生　产 |

| 财　务 |
| 采　购 |
| 生　产 |

20世纪80年代　　20世纪90年代　　2000年之后

图 2-11　影响企业成败因素的变化

影响企业成败的因素范围变广

从本地市场到全国市场再到全球市场,影响企业成败因素的范围也从本地扩大到全国再扩大到全球。而在全球范围,由于语言、文化的差异,无法准确、及时地掌握资讯,影响决策的效率与效果。

一只南美洲亚马逊河流域热带雨林中的蝴蝶,偶尔扇动几下翅膀,可能在两周后在美国得克萨斯州引起一场龙卷风。其原因在于:蝴蝶翅膀的运动,导致其身边的空气系统发生变化,并引起微弱气流的产生,而微弱气流的产生又会引起它四周空气或其他系统产生相应的变化,由此引起连锁反应,最终导致其他系统的极大变化。一次看似不重要的变化可能就能够导致企业的成败。

1980 年,IBM 公司选中微软公司为其新 PC 机编写操作系统软件,IBM-PC 机的普及使 MS-DOS 取得了巨大的成功,因为其他 PC 制造者都希望与 IBM 兼容,它成了 PC 机的标准操作系统。到 1984 年,微软公司的销售额超过一亿美元,最终造就了全球第一大软件公司。而 IBM 公司自己在 PC 市场上的份额却不是第一位。

速度竞争

节奏越来越快是人们对这个时代的体会。物流、运输的速度变快了,信息的传递加快了,产品变化、产品升级换代的速度也变快了。现代企业面临着不可预测和不断变化的市场,面对市场激烈竞争,企业只有快速响应市场需求,才能在市场中取胜。

我国著名企业家张瑞敏对海尔员工说:"新经济时代对企业来讲制胜的武器就是速度,而这个速度,就是最快地满足消费者的个性化需求。"行业内的领先企业其新产品开发时间比一般公司缩短 50%,不但在导入初期能带来更大销售额,而且在整个生命周期都获得更大销量。美国经济学家小艾尔弗雷德·钱德勒指出:"现代化的大量生产与现代化的大量分配以及现代化的运输和通讯一样,其经济性主要来自速度,而非规模。"比尔·盖茨在其论著《未来时速》中也指出:"速度是企业成功的关键。"

速度竞争是每一个志在做强的企业所必须面对的。

突发事件带来的机遇和危机

随着影响企业成败因素的更多、更广、变化更快,结果便使突发性事件对企业的意义变大。突发事件既可以给企业创造机遇,也可以给企业带来不可估量的危机。

> **案 例** | **"封杀"王老吉事件**

2008 年 5 月,四川汶川大地震后,生产罐装王老吉的加多宝公司向地震灾区捐款一亿元,这是迄今国内民营企业单笔捐款的最高纪录。通过王老吉方面在地震之前公布的财务报表可以看出,2007 年在王老吉凉茶业务方面的总利润也就是一亿元左右。也就是说,本次汶川地震捐款,等于是捐出了企业 2007 年的全部利润。这无疑使得国人为此感动不已。

在捐款的次日晚,国内一知名网络论坛出现了一个标题为"让王老吉从中国的货架上消失! 封杀它!"的帖子。这个引人注目的标题引起了被加多宝公司义举所感动的公众的愤怒,但打开帖子再看,发帖者所指的"封杀"其实是要表达"买光超市的王老吉! 上一罐买一罐!"的意思。正话反说产生的强烈反差刺激了无数公众跟帖留言,"今年夏天不喝水 要喝就喝王老吉"、"加多宝捐了一亿,我们要买光它的产品,让它赚十亿",类似这样的跟帖出现在大量网站的论坛上。这篇文章获得了极高的点击率,而后又被网友们疯狂转载,光是论坛的转载就超过 3000 多条。数日后,网上甚至出现了王老吉在一些地方卖断货的传言。网络上数量惊人的讨论、转载和点击量,使这一事件引起大量传统媒体的关注和跟进报道。

王老吉在汶川地震中的突出表现以及随后网友们的反应,说明了现代企业对外在信息的反应速度比较快,有力地抓住了汶川地震事件的机会,既以高昂的姿态走进了国人的视野,又在营销策略上做出了漂亮一搏。

从定位走向卡位

市场的变化迅猛无常,影响企业成败的因素变化多样,使决策者很容易产生种种失误,企业的定位与市场脱节,销售不佳,陷入困境。反过来看,在广告泛滥、信息爆炸的市场中,消费者也需要用尽心力去筛选产品。若想抓住消费者的心,企业就必须先了解消费者的思考模式。而消费者能接受的信息量很有限,而且缺乏安全感,所以那些专业的大品牌更容易走进他们的视野。

企业在目前这样的市场中是不容易定位的。动态的市场变化下市场格局也经常发生变化,在变化的市场格局之下时常有机会出现。发现机会,在市场缝隙中创造一个有利于企业的新秩序,把自己的品牌卡位在新的位置上,使产品以新的形象在消费者心中重新排位,才是企业的正确选择。

第三章

卡位——开辟市场新蓝海

这是一个竞争激烈的年代。企业之间竞争的激烈程度超过了历史上任何时代。企业之间面对面的搏杀将市场染成一片红海。如何打开局面,创造一片属于自己的蓝海?

卡位,就是创造蓝海的行动计划。卡位的成功模式是:寻找有效的切入点,并充分利用和整合企业的自身优势,准确卡位,可以开辟新的市场、新的渠道或者新的商业模式,创造新的游戏规则。开辟蓝海,使对手在短时间内无法模仿和超越,建立不易被攻破的竞争壁垒和持久的竞争优势。

一、客户究竟在关注着什么?

随着同行企业之间竞争的加剧和各个领域销售人员的不断增加,企业的营销形势日趋严峻。客户则面临更多的选择机会和更大的选择空间。这对客户来说是件好事,他们在越来越丰富、越来越强大的推销攻势中积累了丰富的经验。

但对企业来说,却是个不小的难题,客户究竟在关注着什么?

你了解客户的需求吗?

有些销售人员之所以失败,是因为他们根本不知道什么是销售的关键点。其实关键点很简单,就是:客户最基本的需求或最感兴趣的细节。

——弗兰克·贝特格(美国人寿保险创始人)

史玉柱的《征途》无疑是目前中国最成功的网络游戏之一。他打破行规,把玩家当"专家",根据玩家的意见不断提高产品品质,这是《征途》成功的基础。他本人也经常在游戏中和玩家交流,也要求研发、市场管理人员经常和玩家交流。

史玉柱认为,网游行业里没有专家,如果非要说有专家,玩家才是专家。玩家天天在游戏中玩,感受是最真实的。《征途》最重视玩家的声音和意见,玩家觉得好的就坚持,玩家认为需要改进就得设法改进。

的确,玩家才是《征途》的最终客户,只有充分地了解客户的需求,才能做出玩家喜欢的网络游戏。一个企业的成功,离不开对客户需求的挖掘。你了解客户的需求吗?

企业了解的并不是客户真正的需求

多数企业并不了解客户的需求,他们只是从自己的产品或服务出发,说服客户去接受,并没有从客户的需求出发,真诚与客户沟通。客户总是有两组需求:"有声的需求"与"沉默的需求"。能明确说出的,称为"有声的需求";不能说出来的,称为"沉默的需求"(图 3 - 1)。

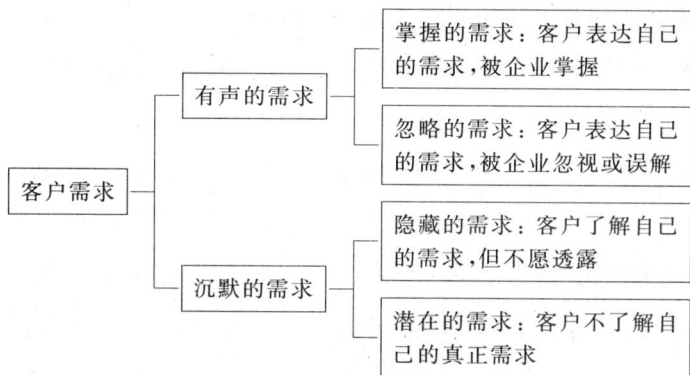

图 3 - 1　客户需求的分类

有声的需求

通常,大多数厂家商家试图满足的都是"有声的需求",因为了解这种需求并不困难。实际上,对于"有声的需求",厂家、商家也并不是完全掌握。很多企业做大了,做成功了,管理者、决策者就开始脱离客户了,他们所掌握的需求要么是自己臆想出来的需求,要么是下属汇报上来的失真的需求。需求掌握得不充分,做事情、做企业就会丧失方向感。

沉默的需求

困难的是识别客户沉默的需求。沉默的需求也分为两种情况:一种情况是客户很了解自己的所需,但不愿意向商家透露。客户很了解自己需要什么、不需要什么,但是又不愿意向销售人员坦诚。这就说明他们有一定的顾虑,可能认为销售人员所在的公司不可靠,可能对商家公司的产品或服务不信任,也可能不了解自己所需产品的市场行情。另一种情况就是客户不是很清楚自己的真正需求,需要引导、帮助和分析。一些时候,客户往往不能确切地了解自己需要什么。他们常常以为自己清楚,但实际上他们提出的需求只是依据当前的工作所需。

采用新产品、新设备、新技术、新系统通常会改变他们的工作方式,他们以前没有过相关的使用经验。随着客户对产品的了解的逐步深入,他们可能会想到各种新的功能和特色，提出新的需求。

　　其实，无论是在市场之内还是在市场之外，客户都在不断地表达着他们的需求。行业变化会产生客户需求，日常的销售反馈就是客户需求，客户的抱怨也是需求，售后服务人员的电话记录单中也有客户需求，研发人员的创新也是客户需求。只有企业整体时刻保持对客户的关注，发觉他们的隐形需求，才能真正了解客户需求。也只有企业整体重视起来，从实际出发，以客户为本，才能真正达到对客户需求的了解。

　　通用电气在这方面就做得很好。

　　通用电气并不生产电脑，但他们卖给一家中型企业价值50万美元的电脑。很多厂家都能生产电脑，但只有通用电气不仅出售电脑，还提供自选配置、附件、服务和融资。由于这家公司与客户的联系是电子化的，公司需要电脑来支持对客户的服务，而融资提供了资金的来源，使企业能够更好地匹配收入和支出，进行一项为期三年的技术改造。通用电气看到了这一系列需求，满足了他们的需要，为他们提供了一个解决方案。

　　这种案例在通用电气的销售记录上比比皆是。正是因为充分了解了这家企业的需求，帮助客户真正地解决了问题，通用电气才赢得了客户。

　　一般来说，客户并不十分清楚或不能清晰地表述自己的问题或需求。因此，在没有完整、清楚地把握客户的需求之前，即使将全球最好的产品和服务推荐给客户也是无济于事的。

　　在了解客户需求方面，通用电气有自己与众不同的方法。通用电气的销售人员第一次拜访客户时，通常只字不提产品，只是不停地问问题：有关企业的设备支出？现在遇到的问题？希望得到什么？等等。

　　现在，谁能帮助客户真正解决问题，向客户提供的是能帮助其获利的行动，谁才能赢得客户。

客户的需求在不断变化

为什么产品功能与客户的需求总是不一致？很多企业只是通过市场调研来了解客户的需求，但却忽略了客户的需求在不断变化。客户的需求主要存在五种变化。

政策型变化

国家政策和行业政策的变化对客户需求存在重大影响。例如，2008年下半年，受全球经济危机影响，中国车市冷淡。2009年初，国家调整了车辆购置税等税收政策，同时在财政上给予补助，直接刺激了家庭的购车需求，使国内车市迅速升温，销售量同比上涨50%以上。

成长型变化

人会成长，在人生各个阶段，需求都是不一样的。"70后"、"80后"、"90后"也各具有独特的消费特征。企业也会成长，从小到大，从大到强，不断升级，对材料、产品、设备的需求也不断提升。

关联型变化

不同的产品之间存在关联。有两种关联关系：互补型关系和替代型关系。房产和家装建材是互补型产品。房产的销售量大增，意味着家装建材市场的红火。天然气则是煤气的替代品，天然气用量的上升，意味着煤气用量的减少。

转移型变化

一个产品有很多属性，在某一阶段，会有一至两种属性占主导地位。客户需要的是足够好的产品，而不一定是最好的产品。当某一属性达到客户需求时，产品的另一种属性会变得重要，成为新的主导属性（这一点的详细讨论见第一章）。

流行型变化

对于具有流行特征的商品，一旦风潮过去之后，需求迅速变冷。当需求旺盛时，企业产能不足；当需求衰弱时，企业只得停产。

掌握客户的需求,稳妥卡位

激烈的市场竞争带来的是企业的利润越来越低,企业要走出微利的市场,只能选择创新。但创新是有风险的,如果投入了巨大的资本,却没有获得相应的收益,企业将面临更大的困境。

实质上,每家企业都有自身的隐性资产,客户关系则是隐性资产中的第一位。通过客户关系,有针对性地挖掘出客户的需求,再匹配企业的其他隐性资产,准确找到市场的缝隙,稳妥卡位,开创新的细分市场。

华为集团始终以能够为客户创造长期价值为目标,他们认为:"基于客户需求的创新才会创造价值、形成竞争力。"华为的产品和服务,已经深深地切入了运营商的所有神经末梢,包括基站系统、流程运营、信息化管理在内的所有运营商的系统建设、维护和管理,所有备件和关联产品,各种各样的软件与芯片,华为都在涉足。这种供应链的深度延伸,使得华为对运营商系统内的所有问题和环节都了如指掌。

运营商的任何一种延伸和扩展,实际上都给华为创造了新的市场。同时,华为能为运营商点拨增值的新途径,主动为他们创造新的价值。华为通过为客户创造价值卡位,形成了强大的竞争壁垒。华为的无微不至,培养了客户的习惯,使得客户一旦进入华为,就不想再离开。

客户的需求可看作金字塔(图3-2)。金字塔最上层是掌握的需求,第二层是忽略的需求,第三层是隐藏的需求,第四层是潜在的需求。需

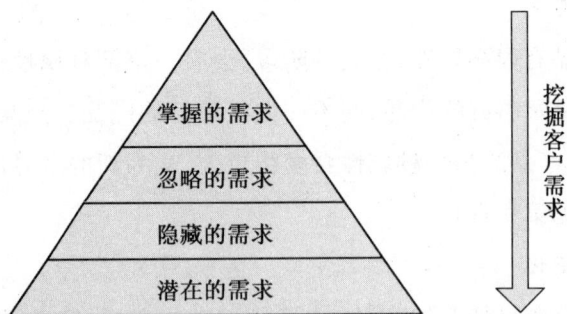

图3-2 挖掘需求的过程

求挖掘的过程就是从掌握的需求入手,挖掘忽略的需求、隐藏的需求和潜在的需求。

案 例 | 海尔发明地瓜洗衣机

1996 年,一位四川农民投诉海尔洗衣机排水管老是被堵。服务人员上门维修时发现,这位农民居然用洗衣机洗地瓜,泥土大,当然容易堵塞!但服务人员并没有推卸责任,依然帮顾客加粗了排水管。农民感激之余,说道:"如果能有洗地瓜的洗衣机就好了。"

农民一句话,海尔人记在了心上。经过调查,他们发现原来这位农民生活在一个地瓜之乡,当年地瓜喜获丰收,卖不出去的地瓜需要加工成薯条。在加工前要先把地瓜洗净,但地瓜上沾带的泥土洗起来费时费力,于是农民就动用了洗衣机。经过更深一步的调查发现,在四川农村有不少洗衣机用过一段时间后,电机转速减弱、电机壳体发烫。向农民一打听,才知道他们冬天用洗衣机洗地瓜,夏天用洗衣机洗衣服。

技术人员一开始是把此事当笑话讲,但是,海尔集团董事局主席兼首席执行官张瑞敏听了之后却不这样认为,他对科研人员说:"满足用户需求,是产品开发的出发点与目的。"技术人员对开发能洗地瓜的洗衣机想不通,因为按"常理"论,客户这一要求太离谱乃至荒诞了!但张瑞敏说:"开发创造出一个全新的市场。"

1997 年海尔为该洗衣机立项,成立以工程师李崇正为组长的四人课题组,1998 年 4 月投入批量生产。洗衣机型号为 XPB40-DS,不仅具有一般双桶洗衣机的全部功能,还可以洗地瓜、水果甚至蛤蜊,价格仅为 848 元。首次生产了一万台投放农村,立刻被一抢而空。

张瑞敏说:"对顾客的要求说不合理是不行的,开发出适应顾客要求的产品,就能创造出一个全新的市场。"创造市场的内涵并不局限于抢占现有的市场份额,还在于以自己的优势创造新市场。由此可见,海尔的最大优势便是对于客户需求的强烈关注,正是因为海尔人形成了对客户需求"敏感"

的习惯,使得海尔产品的研发有了正确的创新方向。海尔借助这些创新的产品取得了令人瞩目的成就。

二、如果你创造新的游戏规则,结果会是怎样?

云南白药牙膏开创保健品牙膏市场

2005 年初,云南白药牙膏上市,主要销售点是药店,还有一些超市和便利店。2006 年底,云南白药牙膏的销售额累计已达到三个亿;2008 年底,其销售额累计已冲破 10 亿元,成功开拓了功能性牙膏高端市场,成为医药产品进军日化领域的典范。

当时国内牙膏市场业内以年产量大小划分为三大阵营:以高露洁、佳洁士为代表的外资品牌牢牢把持第一阵营,市场份额超过 2/3,且增长势头强劲,已大举进攻农村市场;第二阵营是年产量一亿支以上的几大国产品牌,如黑人、中华、两面针、冷酸灵、六必治、立白等,但市场份额在萎缩,由最初的 90% 滑到不足 30%;第三阵营是杂牌军,主要是一些地方品牌。

云南白药集团如何在如此竞争激烈的市场争得一席之地? 看清了牙膏市场行情后,云南白药牙膏决定不做普通日化,不和高露洁、佳洁士正面竞争。集团将云南白药牙膏定位为保健品牙膏,主要功用是防止牙龈出血、溃疡等口腔疾病,主要走连锁药房渠道(表 3 - 1)。定价上也与其他牙膏品牌有所区隔,20 元左右一支定位于高端市场。由此,云南白药集团实现了产品的差异化,建立与其他牙膏品牌之间的竞争壁垒,从而获得了市场的认同和一定的市场份额。

云南白药发挥自身的品牌优势,利用药企熟悉的保健品市场,通过牙膏与保健品的关联嫁接,创造新的消费概念,开创了保健品牙膏新市场;而这一领域是高露洁、佳洁士等所不熟悉的,可以有效地进行竞争阻击。

表 3 - 1　云南白药牙膏的差异化战略

	云南白药牙膏	普通牙膏
定位	保健品	日用品
诉求	防止牙龈出血、溃疡等口腔疾病	牙齿防护
渠道	主要走连锁药房渠道	主要走超市等零售渠道
定价	20 元左右	10 元以内

戴尔的直销战略

戴尔计算机进入市场时发现,PC 机的传统销售渠道已经被 IBM 等公司占满。由于 IBM 多年的苦心经营,以其强大的实力,以及给予渠道成员诸多的优惠条件和合作好处,初生牛犊的戴尔是很难提供这些的。业界的众多经销商、零售商自然都一边倒地站在了 IBM 这些公司的一边。在这样强大的销售渠道壁垒面前,戴尔要想勉强挤进去是不值得的,既得不到经销商的支持,也做不出自己的品牌。于是,戴尔公司设计了新的游戏规则:直销战略,以个性化定做等配套战术上市推广,有效地避开了进入传统渠道与 IBM 的正面竞争(图 3 - 3)。

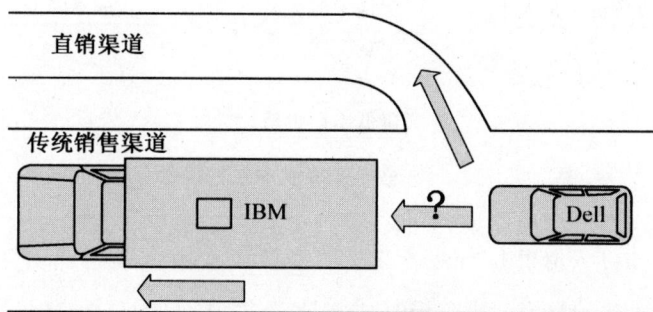

图 3 - 3　Dell 走直销渠道

一般来说，现有企业已经控制了批发或零售渠道，长期的业务交往使他们之间形成了稳固的关系，而这种关系能独占渠道并具有排他性。此时新进入者遇到的进入壁垒高不可攀，迫使他们干脆放弃进入或建立全新的销售渠道。戴尔聪明地选择了后者，自己建立了新的销售渠道，然后在这个渠道中设立了坚实的壁垒。

格兰仕的价格优势

格兰仕集团最开始专注于微波炉的生产，从 OEM 起家。他们利用国外提供的技术和设备资源，在完成代工产量的同时，以本土低廉的人力成本和连班制的工作方式生产微波炉系列产品，搭便车获得了丰厚的利润，更获得了总体生产成本降低的竞争优势。于是，格兰仕以总成本优势领先为核心竞争力，屡屡掀起了一次又一次的降价风潮，并因此获得了"价格屠夫"的称号，同时也取得了占有微波炉全球市场份额 35％的骄人业绩。

格兰仕的核心竞争力归纳起来就是八个字：规模制造，成本领先(图3-4)。

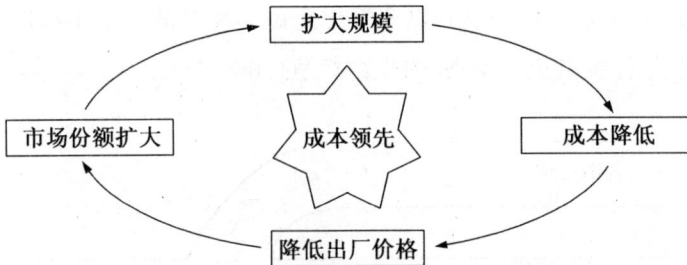

图 3-4 格兰仕的成本领先策略

格兰仕进入微波炉行业始终坚持了总成本领先战略，而它之所以如此频繁地大幅度降价，就在于其成本比竞争对手低许多，有足够大的利润空间。一方面，它迅速扩大生产能力，实现规模经济；另一方面，通过降价和立体促销来扩大市场容量,提高市场占有率,从而在短期内使自己的实力获得迅猛提高。

格兰仕作为一个发展中国家的发展中企业来说,确实是一个奇迹。对于突破总成本领先优势制造的壁垒,对于格兰仕以总成本领先的优势构筑的坚固壁垒,许多企业是望尘莫及的。这个案例的借鉴意义在于,一旦拥有了这样的优势,几乎干什么都是对的,等于建立了新的游戏规则。只要不发生严重偏差,其优势就可以得到持续的保持。

长虹垄断上游资源

2000 年初,康佳、长虹、创维等彩电巨头掀起了猛烈的价格战,使得彩电产品的销售利润不断降低。长虹厂老总倪润峰秘密筹划了一个惊人之举,他组织了几组特别任务小分队,到国内各大彩管厂秘密收购彩色电视显像管,试图在一夜之间垄断上游资源,制造牢不可破的进入壁垒,成为中国农村市场的彩电霸主。虽然后来长虹此举并没有获得完全的成功,但其强大的魄力还是让国内彩电企业都着实捏了一把汗。

在传统的产业生物链中,供应商、制造商和渠道分销商都是各自为政的,彼此之间完全属于独立的行业。其交易的成本和收益随着行情和各自的价值体系而变动。但是,随着竞争环境的日益激烈,企业发现仅仅依靠在制造环节和分销环节上的竞争已经远远不够了。越来越多的企业打破从前的游戏规则,尝试与价值链上游资源企业合作,达到有效调控上游资源,锻造不同于核心技术和分销能力的新的企业核心竞争优势(图3-5)。

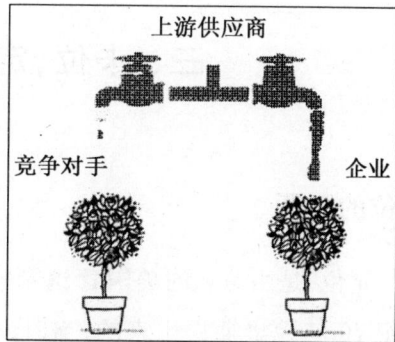

图 3-5　垄断上游资源战略

卡位,创造新的游戏规则

上面列举的这些企业有一个共同的特点:在现有已成熟的市场中找到了有效的切入点,并充分利用和整合企业的自身优势,准确卡位。通过卡位,开辟新的市场、新的渠道、新的商业模式,创造新的游戏规则,开辟蓝海,使对手在短时间内无法模仿和超越,建立不易攻破的竞争壁垒和持久的竞争优势(表3-2)。

表3-2 通过卡位建立竞争优势

	资源优势	卡位策略	结　果
云南白药牙膏	熟悉的保健品市场现有渠道	差异化优势	开辟了牙膏保健品市场
Dell 计算机销售	个性化定制等配套战术	直销渠道优势	在计算机直销渠道中取得主动权
格兰仕微波炉	总成本领先	价格低	占有微波炉全球市场份额的35%
长虹	与上游供应商结成排他型战略合作伙伴关系	垄断上游资源	给竞争对手制造牢不可破的进入壁垒

三、卡位,定位的再升华

定位的起源

定位,是由著名的美国营销专家杰克·特劳特与阿尔·里斯于20世纪70年代早期提出来的,当时,他们在美国《广告时代》发表了名为"定位时代"系列文章。1996年,杰克·特劳特整理了25年来的工作经验,写出了《新定位》一书。

定位理论的产生,源于人类各种信息传播渠道的拥挤和阻塞,可以归结为信息爆炸时代对商业运作的影响结果。

杰克·特劳特与阿尔·里斯认为:定位,是从产品开始,可以是一件商品、一项服务、一家公司、一个机构,甚至是一个人,也可能是你自己(图3-6)。

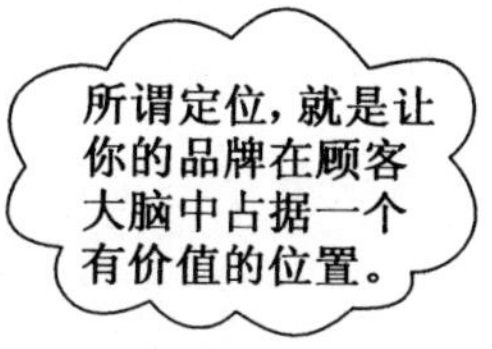

> 所谓定位,就是让你的品牌在顾客大脑中占据一个有价值的位置。

图3-6 定位

定位的原则

定位的基本原则不是去创造某种新奇的或与众不同的东西,而是去操纵人们心中原本的想法,去打开联想之结。目的是要在顾客心目中,占据有利的地位。唯其如此,方能在市场上赢得有利的竞争地位。

比如,人们认为可口可乐是世界上最大的饮料生产商,格兰仕是中国最大的微波炉生产商,北京同仁医院是中国最著名的眼科医院等。这些产品和服务的提供者在与消费者长期的交易中所拥有的地位,是其他人很难取代的。也就是说,消费者对品牌的印象不会轻易改变。

而定位的真谛就是"攻心为上",消费者的心灵才是营销的终极战场。从广告传播的角度来看定位,它不是要琢磨产品,因为产品已是生出来的孩子,已经定型,不大容易改变,而容易改变的是消费者的"心"。

感冒药市场"白加黑"的名字平中见奇,既好记又形象地表达了品牌的定位与产品特性——"白天吃白片,不瞌睡;晚上吃黑片,睡得香",几乎让人听一遍就记得住。市场调研显示,"白加黑"的品牌知晓率稳居同类产品榜首。

什么是卡位

"卡位"这个词来自篮球或者足球比赛。在比赛中,当球在空中的时候,球员能精确判断球的有效落点,抢先对手占据有利位置,将对手阻挡在最佳位置以外,从而获得控制权,这就是卡位。营销卡位在商场中就是指在一种产品和服务流行起来以前,尽快地占领领先位置(图3-7)。

卡位的关键在于精确地判断有效落点,并抢先对手占据有利位置。

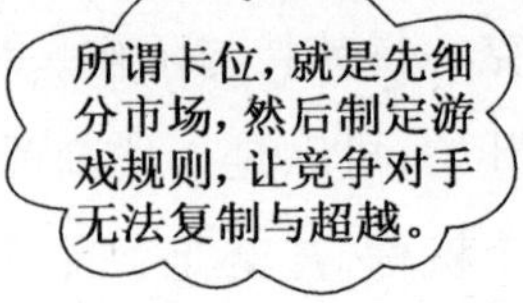

卡位就是创造市场的第一选择,让竞争对手无法在短时间内模仿;就是成为市场的第一选择,从局部第一成为市场第一;就是市场再细分,选择或者创造新市场;就是集中资源,来重新选择适合的市场;就是定位的重新定位,目标市场的新选择;就是做小鱼塘里的大鱼,而不做大鱼塘里的小鱼。

> 所谓卡位,就是先细分市场,然后制定游戏规则,让竞争对手无法复制与超越。

图3-7 卡位

卡位的目标是占领该细分市场,在一定时期内最大限度地阻止其他企业进入该细分市场,同时有效地经营该细分市场,成为该细分市场的代表者和领军者。其实,许多企业已经在无形中应用了卡位策略,只不过作为企业的一种商业模式没有得到很好的总结和深入研究。

卡位的重点

卡位的重点,并不仅仅是发现企业的竞争优势,发现企业产品的卖点,发现企业的薪资模式。最主要的目的是,如何来细分市场,找到自己清晰的定位,然后形成一个技术壁垒,屏蔽竞争对手,让竞争对手在短时间内无法超越,这才是卡位的精神所在。所以,卡位的两大重点是:找到企业的细分市场,并塑造技术壁垒,这是非常重要的过程。这里的技术壁垒不是指技术方面的,而是指通过某种手段达到所想要的竞争优势,形成坚实的壁垒来阻隔对手。

卡位的三个步骤

第一步,企业必须根据自身优势寻找到一个细分市场。这个细分市场是别人没有进入的或者是不成熟的。只有这样,企业在进入的时候,才能有效地利用和整合自身优势资源,并最大限度地在其他企业进入此细分市场前设立商业门槛,从而达到阻止和干扰对手瓜分细分市场利益的目的。

第二步,这个企业要做到有效的卡位,必须有自己的资源优势。这些优势主要是指技术优势、资金优势和市场优势,也可以包括渠道优势、品牌优势等。

第三步,选出最有优势的方面作为切入点。对于企业而言,选择何种卡位方式尤为重要,可以技术卡位,可以形象卡位,可以品牌卡位,也可以功能卡位。

卡位,定位的再升华

卡位与定位不同。定位是把企业品牌确定在某个范围内,即在细分市场之中,找到合适的位置。卡位则不同,它是把企业品牌确定在某个位置上。也就是先细分市场,然后制定游戏规则,让竞争对手无法复制与超越;在细分的基础上,进行选择或者创造市场。

定位与卡位是相辅相成的关系,是在某个范围内的某个位置上。通过卡位主动地找到细分市场,再通过定位被动地在此细分市场中找到位置。

第四章

卡位战略模型的深度剖析

卡位,就是先细分市场,然后制定游戏规则,让竞争对手无法复制与超越。卡位的目标是建立与增强企业的核心竞争力。卡位的三个前提是:细分市场、资源优势和合适的切入点。卡位的四个步骤是:明确定位、挖掘优势、做到最好和建立团队。

卡位不是用自己的优势去拼对手的优势,拼得头破血流;也不是用自己的弱势去拼对手的优势,在智慧和运气的双重因素下取胜,取得经营之神的称号,而是用自己的优势去拼对手的弱势,在细分的市场中以少胜多、以弱胜强。

卡位是集中自己的力量,做最核心的事业,追求的是结果与持久的成功。

一、应用卡位战略的三大前提

卡位的三大前提如图 4-1 所示。

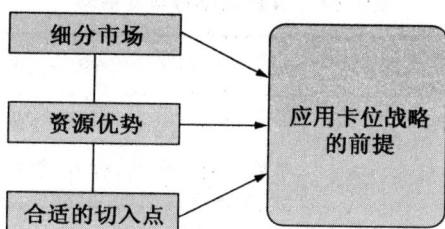

图 4 - 1　卡位的三大前提

找到细分市场

企业必须根据自身优势寻找到一个细分市场,这个细分市场是不成熟的或者是别人没有进入的。只有这样,企业在进入的时候,才能有效地利用和整合自身优势资源,并最大限度地在其他企业进去此细分市场前设立商业门槛,从而达到阻止和干扰对手瓜分细分市场利益的目的。

假如企业进入一个已经成熟的细分市场,这个时候就不叫卡位。同时,企业还要投入大量的资本应付激烈的竞争状态,企业资源得不到有效应用,回报同样得不到很好的保证。细分市场是从客户的角度,通过客户的需求、动机、购买行为的多元性和差异性来划分的,而不是根据产品品种、产品系列来进行划分的。

比如一家提供外科手术设备的公司,他们的买主通常是小型诊所或大型医院。那些小型诊所因为缺乏相应的消毒设备,因此每次手术后只能将购买的手术设备抛弃。如果这家公司针对这些小型诊所推出一次性手术设备,就大大缩减了诊所的开销,从而为自己公司打开了一片新的市场。如果这家公司的业务员还能发现外科医生在进行手术前后都会清点一遍手术器材的数量,然后针对不同类型的手术,推出预先封装好的不同数量的手术器材套装,那就又开辟了一个细分市场。

每一个消费者群就是一个细分市场,每一个细分市场都是由具有类似需求倾向的消费者构成的群体(表 4 - 1)。

表 4-1 　消费品市场细分依据

消费品市场细分依据	举　　例
地理细分	国家、地区、城市、农村、气候、地形
人口细分	年龄、性别、职业、收入、教育、家庭人口、家庭类型、家庭生命周期、国籍、民族、宗教、社会阶层
心理细分	社会阶层、生活方式、个性
行为细分	时机、追求利益、使用者地位、产品使用率、忠诚程度、购买准备阶段、态度

挖掘资源优势

如果要做到有效的卡位,企业必须有自己的资源优势。这些优势可以是技术优势、资金优势和市场优势等,也可以是渠道优势、品牌优势和成本优势等(图 4-2)。

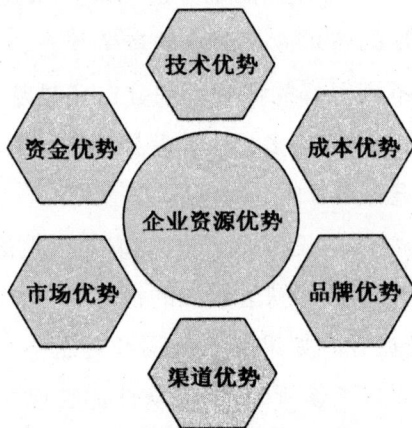

图 4-2 　挖掘企业的资源优势

技术优势

进入一个市场最重要的就是要最大限度地满足这个细分市场顾客的需求,获取技术优势,把自己的产品和服务与其他企业严格区分开来,有效地阻止其他企业进入该细分市场。像诺基亚、华为这样的企业在行业内就具有强大的技术优势。

资金优势

因为在前期导入市场时期,企业需要投入大量的人力和物力去研究这个市场消费者的消费特点和习惯,同时必须静下心去研究适合这个市场并且创造差异化的产品,这个过程要求企业必须投入一定量的资金做支撑。拥有资金优势可以加快这一导入过程,同时也可以更有效地整合资源。

市场优势

市场优势可以使企业更容易接近最终客户,更容易被客户所接受。更容易接触客户,就可更充分地了解和挖掘客户的需求。康师傅饮料便是利用其方便面的市场优势迅速上市。

渠道优势

在研发出产品以后,导入市场,采取什么样的渠道进入,如何建立渠道,在这个渠道中如何去推广自己的产品尤其重要,这关系着企业的流动资金的充足,同时为企业的下一步发展提供有力的支持。云南白药牙膏就运用了企业的保健品渠道优势。

品牌优势

土豆可以不需要品牌,但电脑需要树立品牌。越是用户不易直接了解的产品,品牌优势越重要。

品牌优势在市场导入期,有助于用户接受;在市场成熟期,也可以增加用户的黏度。

成本优势

在许多领域,尤其是同质化程度高的产品领域,成本优势显得更为重要。拥有成本优势,既可以在市场导入前期获得高额利润,又拥有足够的利润空间来防御其他竞争对手。上文提到的格兰仕的成本优势无与伦比。

合适的切入点

选择何种卡位方式尤为重要，所谓一招不慎，满盘皆输。所以，企业必须选择有优势的方面来作为切入点。对于企业而言，可以技术卡位，可以形象卡位，可以品牌卡位，可以功能卡位。合适的切入点是避开红海、开创蓝海的关键。

再以云南白药牙膏为例，如果其一开始就进军已成熟且竞争激烈的日化市场，肯定相当困难，它几乎和其他产品没有差异。于是他们改变战略方向，把云南白药牙膏定位为健康、保健类产品，利用熟悉的保健品市场，发挥云南白药自身的品牌优势，先通过保健品市场推广上市，而这个领域是其他牙膏不熟悉的，这样云南白药牙膏就很有效地以功能卡位取得成功。

云南白药牙膏开辟了保健品牙膏市场这片蓝海，由于对手在短时间内无法跟进，因此在这个细分市场中占据了主动权。

要运用卡位，选择切入点的关键是：利用优势，在合适的时间，针对合适的细分市场，进行合适的投入，在核心产品上进行单品突破。切入点贵在精不在多。利用拳头产品产生的冲击效应，迅速切开市场。形成消费者的良好口碑之后，可迅速带动后续的产品跟进销售。

这里的优势，指的是相对优势和局部优势，而不是企业的内在优势；是企业相对于其他企业的优势，而不是企业擅长的领域这种内在优势。如果一个领域，自己很强，但竞争对手更强，这一个领域就不是一个好的切入点。因为和竞争对手比，我们并不具备相对优势。如果一个领域，自己很弱，但竞争对手更弱，这一个领域就是一个好的切入点。因为和竞争对手比，我们具备相对优势。如果不具备相对优势，那么应该想办法，在整体没有优势的地方创造局部优势。这一点在军事上非常重要，在企业运营中也可以借鉴。

二、"十六字真言"：卡位的核心战略思想

卡位的核心战略思想是十六个字：明确定位、挖掘优势、做到最好、建立团队：

明确定位——寻找并确立市场目标；

挖掘优势——寻找切入点和突破口；

做到最好——扩大战果，从局部优势到全局优势；

建立团队——建立有效的运营和流转机制，巩固优势，建立企业的核心竞争力(图4-3)。

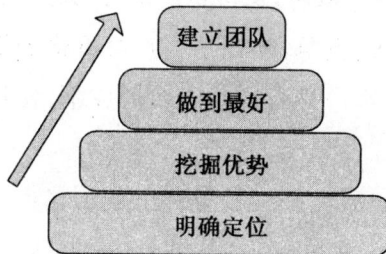

图4-3 卡位的核心战略思想

明确定位

明确定位就是为企业在市场上树立一个清晰的、有别于其他竞争对手的、符合目标市场客户需要的形象和特性，从而在目标客户心中占据一个有利位置。明确定位的最终目的是在目标客户心中建立品牌区隔。拥有定位的企业才是强势企业，因为它拥有与众不同的概念，当顾客产生相关需求时，就会自然而然地把它作为首选。

苹果公司的定位就是品位，它是一个很"酷"的公司。在20世

80年代,它就制作了一篇发人深省的广告:一个女运动员拿锤子打破沉闷的世界。这个定位一直伴随着苹果。iMac 的出现打破了沉闷的电脑界,iPod 和 iPhone 让苹果从计算机制造商中脱颖而出,人们已经不再用 PC/Mac 的眼光来看苹果,而是拿它用来娱乐,用它来耍酷。

挖掘优势

挖掘优势的战略有两种:差异化战略和创造优势战略。

差异化战略

差异化战略是将企业提供的产品或服务差异化,形成一些在全产业范围中具有独特性的东西。实现差异化战略可以有许多方式:设计或品牌形象、技术特点、外观特点、客户服务、经销网络及其他方面的独特性。一方面,企业通过差异化战略,使得客户缺乏与之可比较的产品选择,替代品无法在性能上与之竞争,降低了客户对价格的敏感度。另一方面,通过产品的差异化使客户具有较高的转换成本,使其依赖于企业,建立客户的忠诚度。

2002 年华菱重卡成立之初,经过详细的市场调查,看准了物流卡车向重型化、高端化发展的趋势,并且当时国内大马力高端重卡市场高性价比产品相对较缺乏。于是,华菱重卡以差异化的产品定位,集中精力主攻 30 万元至 70 万元、300 马力以上的大马力重卡。2004 年 10 月,华菱重卡正式上市时,以差异化产品优势实现了替代进口、出口和自用三步并举的战略。这样,华菱凭借具有前瞻性的高品质产品,形成了良好的开局。

创造优势战略

企业可以通过战略联盟、产品创新和市场创新来创造企业的竞争优势。

三国时期,曹操利用袁绍的失误,抢先奉迎汉献帝于许昌,创造了

"挟天子以令诸侯"的政治优势。正因为曹操正确运用了"挟天子以令诸侯"的策略,巩固了自己的政治地位,发展、壮大了自己的实力,为他日后的政治野心创造了良好的政治和外交条件。

企业也一样,在没有突出竞争优势的情况下,应该积极寻找市场缝隙,因为在营销中任何一个环节的创新都可以创造竞争优势。

做到最好

相信所有的企业都想做到最好,这可以从聚焦原则和包装策划这两方面入手。

聚焦原则

放大镜可以将光线聚为一点,能量高度集中,因此使温度升高,点燃火柴。只有聚焦,再聚焦,才有可能在市场竞争中取胜。聚焦是企业做强的必经之路(图 4-4)。

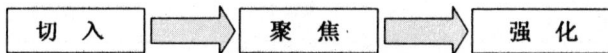

图 4-4　聚焦是企业做强的必经之路

美特斯邦威是来自温州的民营服装企业,1994 年,品牌创立之初,由于资金有限,总裁周成建率先在国内服装行业采取"虚拟经营"模式。该公司专注于从品牌形象、产品设计与质量、市场拓展、销售服务和信息化管理等全过程提升管理品质,对于前端的加工制造,则充分利用浙江、上海和江苏发达的服装制造行业网络,外包给几十个服装制造企业。

这种将经营环节外包的模式为公司节省了大量资金,同时也降低了投资产业链前端给公司经营带来的风险,这样,公司可以将有限的资源集中投入到对连锁品牌服装行业有重要影响的营销和产品设计上。

企业找准切入点之后,把主要资源聚焦在具有战略意义的业务模块上,就能够更灵活地适应成本结构和业务流程,对客户的需求和市场变化能够快速响应,提高工作效率,提高企业的差异化程度,创造出多个竞争优势。

包装策划

包装策划就是对企业的产品包装或某项包装在开发与改进之前,根据企业的产品特色与生产条件,结合市场与人们的消费需求,对产品的市场目标、包装方式与档次进行整体方向性规划定位的决策活动(表 4 - 2)。随着自助服务销售方式的增加,产品的包装需要执行许多销售任务,包装已经成为一项重要的营销工具。它必须吸引顾客注意,描述产品的功能特色,给顾客以信心,使产品在顾客心目中留有很好的印象。

表 4 - 2 产品包装与策划目标分类

目 标 分 类	主 要 内 容
产品性能表现	包装、广告、说明书、体现节能、保健等
产品规格多样	方、圆、长、短、立、卧等
产品功能多少	全与特
产品结构与式样	合理与新潮
产品容量	数量、重量、大小等
产品附加特征	与原来或同类产品增加的
产品销售对象	地区、季节、民族、男女、老幼等
产品及包装色彩	吸引力及打动人购买欲、代表形象
包装及产品表面文字及图案	箭头、示意图、符号说明
包装方便性、合理独特	操作简单、柔软、透明、透气等
包装结构及性能	主体、保护、造型
包装及附带附件	取物器、配套促销、工艺品、奖券等
广告、网络推广等各种宣传	创意、知名度、品牌
巧妙的售后服务	稳定和开拓市场

湖南湘泉集团公司的"酒鬼"酒瓶为著名
画家黄永玉设计(图4-5)。产品的整体包装
形象格外的平易近人,人情味极浓,没有一味
去模仿洋酒。极有个性和文化特色的包装,
使酒鬼酒在全国众多的同类产品中脱颖而
出,成为酒业包装史上的经典之作。

图4-5 酒鬼酒的包装设计

建立团队

建立专业团队,建立有效的运营和流转机制,巩固优势,才能建立起
企业的核心竞争力。对于外围业务,则外包给相应领域的优秀企业。

企业在内部资源有限的情况下,为取得更大的竞争优势,可以仅保
留其最具竞争优势的业务,而将其他业务委托给比自己更具成本优势和
专有知识的企业。这样可以整合利用外部最优秀的专业化资源,从而建
立能降低成本、提高效率、充分发挥自身核心竞争力和增强企业对环境
的迅速应变能力的一种管理模式(图4-6)。

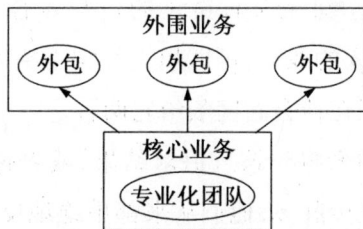

图4-6 专业化团队+外包的经营模式

宝洁公司在大多数业务领域同时依赖内外部专家。公司主席雷富
礼这样解释公司原则:"我们的核心能力是开发和商品化,品牌推广和客
户业务拓展都是核心能力。但在许多领域,我们断定生产、后端支持不
是核心能力。因此,我让企业将大量功能外包出去。只有做你最擅长
的,才能做得最好。"而在宝洁公司内部,始终密切关注产品研发和品牌

推广,但并非所有的产品构思都必须由内部提供。

三、卡位战略模型的深度剖析

卡位战略模型的总结

卡位是定位的延伸。卡位,就是先细分市场,然后制定游戏规则,让竞争对手无法复制与超越。卡位的三个前提是:细分市场、资源优势和合适的切入点。四个步骤是:明确定位、挖掘优势、做到最好和建立团队。

善战者,无赫赫之功

> 故善战者之胜也,无奇胜,无智名,无勇功。
>
> ——孙子

一个事件必须要渲染上某种奇迹的色彩才容易引起大众的注意。一场几千人打败几万人的战斗,可以用大红字上头版头条。而几万人打败几千人的战斗,只配在社会新闻版给它两行。

在军事上,真正的名将应该只追求结果,或者说他们只进行必胜的战争,他们从来都不以少胜多,他们从来都不绝地反击,因为真正的名将从来不会陷入绝地,他们不会让这种情况发生。

卡位也是这样,集中自己的力量,做最核心的事业。卡位追求的是结果。

三国演义中,诸葛亮运筹帷幄,神机妙算,备受后人推崇。但从实际结果来看,他的胜利几乎都是以少胜多、以弱胜强,而非创造优势、积累优势,积少胜为大胜,最终取得决定性的胜利。

诸葛亮的屡次胜利是战术上的胜利,战略上的失败,最后蜀国也难逃失败的命运。这是卡位极度需要避免的。

卡位与企业核心竞争力

核心竞争力是公司为客户带来特殊利益的一种独有技能或技术。

首先,核心竞争力要具备充分的用户价值;其次,核心竞争力必须是企业所特有的,是竞争对手难以模仿的;最后,核心竞争力具有延展性,应该能为企业打开多种产品市场提供支持。

企业核心竞争力是卡位战略的结果。卡位的目标是建立与增强企业的核心竞争力,而卡位又是企业核心竞争力的延展(图4-7)。

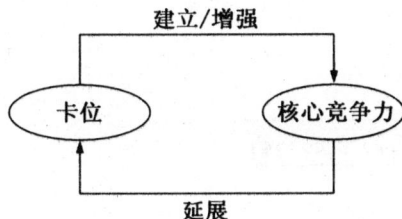

图4-7 卡位和核心竞争力的关系

案　例 ┃金晶超白玻璃

金晶集团是以玻璃、纯碱及其延伸产品的开发、生产、加工、经营为主业的大型企业集团。2003年,金晶科技与玻璃巨头美国PPG公司联手合作,投资10亿元人民币,建设了填补国内空白的、日熔化量达600吨的超白玻璃生产线。2005年7月公司超白玻璃成功下线,成为国内首家掌握超白玻璃生产技术的企业。公司生产的超白玻璃的品质已基本达到国外同类产品水准,而市场价格不足国外进口产品的一半,具有较强的市场竞争力。

2007年,金晶集团填补国内空白的产品——超白玻璃——成功中标奥运工程"鸟巢"、"水立方",并广泛应用于国家大剧院、迪拜塔、北京银泰大厦、上海世博会等大型高档建筑。据金晶集团2007年中报显示，超白玻璃的毛利率达到50%以上，明显高于普通优质浮法玻璃。

随着超白玻璃在太阳能等应用领域的不断拓展，以及对其他产品的替代，很多同行企业如南波、信宜、右匹等公司，也开始做超白玻璃。这样一来，超白玻璃的利润自然下降了，同时客户对产品的差异性感觉也不明显。

金晶看到了这些之后，重新制定营销战略。先是找出自己的优势：企业在国内首家生产超白玻璃，有多个大型的成功案例，同时锁定超白玻璃的运用领域为建筑和太阳能等方面。然后根据优势，使业界形成一个简单的概念：要选超白玻璃首选金晶，就像要选建造玻璃首选南波一样。由此，在客户心目中也同样留下一个印象：当选择超白玻璃时，应该马上想到找金晶。金晶把这个品牌概念宣传出去，卡位成功。

案 例 新安化工的卡位剖析

新安化工的主要产品

浙江新安化工集团股份有限公司是大型化工企业集团、全国资源综合利用先进企业。公司生产经营三大类九大系列百余种农药、化工、有机硅产品。新安化工的主要产品是草甘膦（有机磷产品）。草甘膦是美国孟山都公司1974年商品化成功的一种高效、低毒、环境相容性良好的除草剂，2001年全球销售额约为30亿美元。新安化工是国内草甘膦生产的龙头企业，2000年生产能力为1.2万吨/年，产量约占国内总产量的30%。公司所产草甘膦以外销为主，外销比例为70%。

孟山都是世界上草甘膦生产规模最大企业，其草甘膦生产能力为20万吨/年，新安化工在整体实力、科研开发水平等方面均无法与该公司匹敌，但在质量价格比方面有着较大的优势。

国内草甘膦的使用量还相对较小，农业生产中主要采用的是成本低廉的高毒性杀虫剂。

随着中国整体经济发展水平的提高和农业生产方式的进步，低毒除草剂的使用范围和使用量将逐步增长。

有机硅材料市场简介

有机硅材料是性能优异的特种高分子材料,广泛应用于航空航天、船舶汽车、纺织轻工、电子电气、机械化工、建筑建材、医药医疗等领域。有机硅单体是有机硅材料产业的基础,世界上有机硅单体的生产主要集中在几家跨国公司。中国有机硅产品研发起始于 20 世纪 50 年代中期,60 年代开始工业化生产,当时有机硅单体生产企业有五家,这类企业技术难度大、生产流程长、配套工程要求高,一般为国有大中型企业。

目前,国内有机硅产品及深加工制品企业大约有 200 家左右,生产点较为分散,其中既有技术含量高、开发能力强的民营和港台合资企业,也有生产简单制品、产品单一、无技术开发能力的乡镇企业和个体生产厂商,较为混杂。

中国有机硅产品消费量约以每年 20% 以上的速度递增上升,近年来增幅涨到 30% 以上。1990—1998 年,中国有机硅单体产量的年均增长率为21%,但其年产量远远不能满足国内市场的需要。因此,国内所需大部分要从国外进口,进口量逐年增长。

切入点:有机硅与有机磷的联产

新安化工主要产品草甘膦、毒死蜱等属于农药产品,生产过程中会有一定的废水、废气排放。加上公司地处新安江流域,环境保护的要求较高,公司用于环境保护的成本支出也相对较大。2000 年,公司环境保护设施的运作费用为 400 余万元,且随企业规模的扩大有逐年递增趋势。针对上述问题,公司开创了独特地将提高公司经济效益与保护环境相结合的新途径,使生产过程对环境的污染得到了有效的控制。

1997 年,新安化工集团股份有限公司与开化合成材料有限公司实施资产重组。开化合成材料有限公司前身为开化硅厂,主要生产硅块,1985 年开始发展有机硅生产。1995 年,新安化工开发了有机硅和有机磷的联产工艺,成功应用于草甘膦生产及开化硅厂的有机硅生产。双方从此开始互惠互利的贸易关系。为了共同的发展需要,双方进行联合,联合后进一步推广了有机硅和有机磷的联产。

有机硅和有机磷的联产生产模式的优势突出体现在对氯资源的综合循

环利用上。氯甲烷是草甘膦生产过程中产生的副产物,企业通常是直接排放,这不仅造成对环境的污染,而且造成资源的浪费。

新安化工率先开发了将氯甲烷回收净化后用于合成有机硅单体的工艺技术,同时又将有机硅单体生产中副产品盐酸精制后用于草甘膦生产。这种氯资源的循环利用,基本消除了氯物质的排放,不仅实现了清洁生产,有效控制和减轻了农药生产过程对环境的污染,而且降低了公司产品的生产成本,增强了公司产品的市场竞争力(图 4-8)。

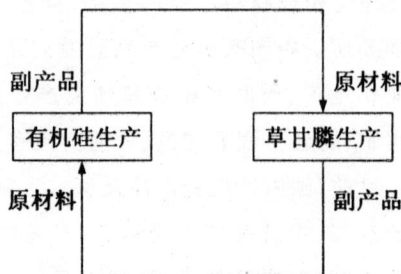

图 4-8 新安化工的联产模式

切入有机硅后的盈利能力

表 4-3 所示的是根据上市公司年报整理的新安股份与江山股份草甘膦产品的赢利能力的对比。表 4-4 是根据上市公司年报整理的新安股份与星新材料有机硅单体产品的赢利能力的对比。可以看出,新安股份有机磷有机硅联产项目所带来的成本优势十分明显,其草甘膦与有机硅产品的毛利率均高于国内同类产品。

就有机硅单体生产而言,截至 2002 年末,新安股份拥有一套 1.5 万吨/年、一套 2 万吨/年的生产设备,总生产能力达 3.5 万吨/年;星新材料拥有一套 2 万吨/年、一套 5 万吨/年的生产设备,总生产能力达 7 万吨/年。

虽然有机硅单体生产中规模经济显著,根据经验估计,硅氧烷装置达到15 万吨/年,其生产成本是 5 万吨/元装置的 60%。但凭借有机磷有机硅联产工艺,新安股份的有机硅单体的毛利率比拥有两倍生产规模的星新材料还要高 6.7~16.1 个百分点。

表 4-3　新安股份与江山股份草甘膦业务对比

		2000 年	2001 年	2002 年	2003 年 1—6 月
新安股份	销售收入(万元)	36313	44258	51919	33600
	销售成本(万元)	31119	37965	46719	29307
	毛利率(%)	14.30	14.22	10.02	12.78

		2000 年	2001 年	2002 年	2003 年 1—6 月
江山股份	销售收入（万元）	11760	12978	14029	11695
	销售成本（万元）	11579	12610	13530	10777
	毛利率（%）	1.54	2.84	3.56	7.85

表 4-4　新安股份与星新材料有机硅业务对比

		2000 年	2001 年	2002 年	2003 年 1—6 月
新安股份	销售收入（万元）	7384	12506	14028	10544
	销售成本（万元）	5048	8312	10760	7704
	毛利率（%）	31.64	33.54	23.30	26.93
星新材料	销售收入（万元）	21574	31148	38686	20092
	销售成本（万元）	17568	25560	32258	17923
	毛利率（%）	18.57	17.94	16.62	10.80

案例剖析

　　新安化工通过对氯资源的循环利用,成功卡位进入有机硅生产领域,不仅避免了环境污染,实现清洁生产,而且大幅度降低了成本,为企业创造了丰厚的利润(图 4-9)。

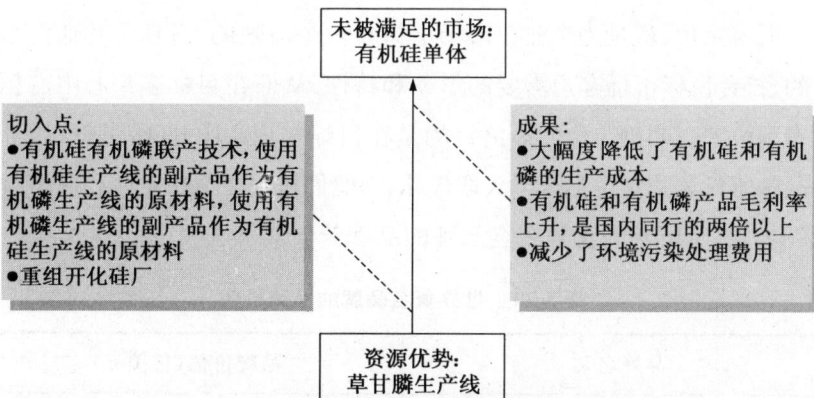

图 4-9　新安化工卡位进入有机硅生产路线图

第五章
明确定位(No. 1)

拥有明确定位的企业才是强势企业,因为它拥有与众不同的概念,当顾客产生相关需求时,就会自然而然地把它作为首选。例如:

"沃尔沃"意味着安全;

"宝马"意味着驾驶乐趣;

"劳斯莱斯"意味着贵族;

"奔驰"意味着豪华;

"法拉利"意味着速度。

这些公司都有明确的定位。

明确定位,就是为企业在市场上树立一个清晰的、有别于其他竞争对手的、符合目标市场客户需要的形象和特性,从而在目标客户心中占据一个有利位置。明确定位的最终目的是在目标客户心中建立品牌区隔。这些品牌所代表的定位至今无人取代,因为他们建立并不断强化品牌区隔。

表 5-1 所示为世界著名品牌的品牌价值。

表 5-1 世界著名品牌的品牌价值

品牌名称	品牌价值(亿美元)
可口可乐	480

品牌名称	品牌价值（亿美元）
万宝路	476
麦当劳	199
迪斯尼	171
索 尼	147
柯 达	144
英特尔	133
吉 列	120
百 威	120
耐 克	111

一、颠覆传统，定位的新玩法

> 今天每一个活着的人身后，都立着 30 个鬼魂——30∶1，正是死去的人与活人的比例。开天辟地以来，在地球上活过的人大约总共一千亿。
>
> ——克拉克

克拉克的名言形象地说明了死去的人与活着的人的比例。"传统"，就是这 30 个鬼魂留给活着的人的记忆。在营销中，"传统"就是那些占领人的心智的认知概念。它是一种限制思考的习惯力量，也是定位的最大障碍。"用户已经习惯了这样操作"、"这是这个行业的标准做法"、"他们（行业领先者）也是这样在做"此类话语是被动地接受"传统"，而不是主动地去改变"传统"，寻找契机，定位、卡位。

做豆腐的启示

有一个笑话,叫做"还是做豆腐最安全":做硬了是豆腐干,做稀了是豆腐脑,做薄了是豆腐皮,做没了是豆浆,放臭了是臭豆腐,稳赚不亏……(图 5-1)

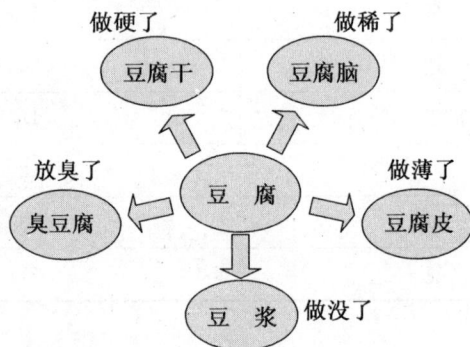

图 5-1 还是做豆腐最安全

颠覆传统来定位,就是"做豆腐"的游戏。按传统,豆腐一定是方方正正、白白嫩嫩的,做硬了、做稀了、做薄了、做没了、放臭了都不是好豆腐。颠覆传统,则可以做出豆腐干、豆腐脑、豆腐皮、豆浆、臭豆腐来。

牙膏吞咽对身体有害,这是常识。可不可以开发吞咽对身体无害的牙膏?可以。可食用婴儿牙膏,是可以吃的牙膏,适用于一岁以上幼儿以及皮肤或黏膜容易过敏的人群,采用全天然的成分配制而成,吞食无害。

胶水一定要很黏吗?可不可以有不黏的胶水?3M 公司的斯宾塞·西尔维博士在 20 世纪 90 年代发明了一种胶黏剂,遗憾的是,它一点都不黏,找不到用途。他有一个同事叫阿瑟·佛莱,在假日参加了教会的唱诗班。佛莱为了方便找乐谱,常使用书签,只不过书签会掉下来,让他感到很不便。后来他想到过去公司设计的胶黏剂,拿来涂在书签上;使用之后,他发觉有不错的效果,可以粘住乐谱,撕下时对乐谱也不会造成任何伤害。于是这种黏着剂在 3M 公司重新复活,和小书签搭配就成了不干胶便利贴,它也变成了最畅销的文具用品之一。

案　例 华硕上网本的崛起

上网本看起来像是个垃圾产品:处理器低端,屏幕小(7.5~10.2 英寸),只能运行简单的程序,价格低(2000~4000 元人民币),具备上网功能。

2005 年,美国麻省理工学院教授尼葛洛·庞帝主导开发了百元笔记本电脑,价格最低做到了 188 美元。后来,英特尔公司也开发了一款价格不足 400 美元的笔记本电脑 Classmate PC。这两种电脑主要面向发展中国家的少年儿童,从外形、定价都定位在发展中国家和儿童教育领域,功能是为了满足发展中国家和非主流人群(老人、小孩和家庭妇女)的需求。由于市场定位的局限性,这种笔记本电脑被认为是概念性产品和慈善性产品,当时并未得到推广普及。

华硕是中国台湾最大的硬件生产商,产品覆盖面广,从最初的主板发展到如今的显卡、显示器、光驱、机箱。市场占有率高、品质好,在消费者心中有着很好的口碑。华硕从配件生产进入整机业务之后,由于整机业务起步较晚,为了扩大内地市场份额,于 2007 年率先推出小尺寸、低成本的笔记本产品"易 PC"系列,采用的是英特尔 Classmate PC 学生笔记本的架构,外观时尚靓丽,目标客户也不再局限于教育领域,而直接定位于女性市场和广大消费类市场,还通过 3C 卖场进行铺货。

其他笔记本电脑厂商则认为这类上网本功能弱小、需求不大,保持观望。结果华硕"易 PC"于 2007 年 11 月上市,短短两个月出货量达 35 万~40 万台。至 2008 年底,华硕共售出了 500 万台"易 PC",成功进入全球笔记本电脑厂商前六强。见此趋势,其他笔记本电脑厂商也纷纷推出上网本。据市场调研机构 ZDC 调查数据,在所有的上网本用户中,18~25 岁的用户占 47.5%,26~35 岁的用户占 40.6%。大多数网友的回答都是看中其小巧便携和价格便宜。为什么购买上网本?下面是消费者给出的关键词:好看、轻、方便、耐用、便宜、小巧、待机时间长,用来做简单的文档处理、上 QQ、上网还是可以的。

华硕只是把上网本的用户定位在年轻人,尤其是女性,结果就大不一样了(图 5-2)。

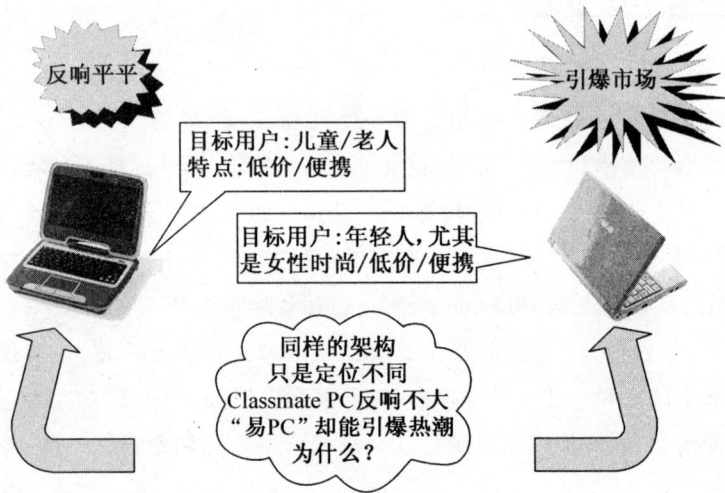

图 5-2　华硕"易 PC" VS. 英特尔 Classmate PC

二、建立区隔,给竞争对手设立安全线

定位的本质就是建立区隔,给竞争对手设立安全线。

企业之间必须不同,才拥有存在的价值。就像世间的万物一样,世界上从来不会有两件一模一样的物体。企业也是一样,只有客户知道了品牌的不同,才会根据自己的需要来选择。

针对5～12岁儿童的果汁产品市场上还没有,可口可乐公司是全球第一家。

——可口可乐公司《酷儿圣经》

2001年3月,果汁饮料统一鲜橙多问世时,它以"多C多漂亮"的品牌定位,以年轻时尚女性为主要消费人群,一下子就赢得了消费者的认同。到2002年第一季度,鲜橙多销量已经成为全国第一。

当时众多同类企业都跟风相继推出了类似的果汁饮品,但都没能超越鲜橙多。

而可口可乐公司推出的酷儿一出现就是一个另类。

酷儿定位为儿童果汁饮料,目标人群为5～12岁的儿童和他们的母亲。它选择了容易被人忽视的儿童饮料市场,建立区隔,避免了与市场主导品牌展开正面较量。从产品定位、广告形式,到目标人群上,酷儿就建立了区隔。酷儿没有在央视做广告,没有全国范围的大规模促销活动,上市仅一年后,其全国市场占有率已超过10%,仅次于汇源,排名第二。

于是,酷儿很快成为与鲜橙多旗鼓相当的第二品牌。

案　例 | 澳的利：开创葡萄糖饮品市场

澳的利集团在涉足饮料行业之前曾做过饮料企业的上游企业,有着数年的饮料瓶生产历史。1996年底,公司经过周密研究,决定依托自身优势进入饮料行业。经过对竞争激烈的饮料市场的全面考察论证,公司决定另辟蹊径,在市场的夹缝中瞅准葡萄糖饮料尚是国内饮料行业空白点的机遇。

经过精心研制,开发出国内首创的葡萄糖饮料。

1997 年初,产品一经投入市场,便受到了消费者的青睐,当年就完成销售收入人民币 2000 多万元。澳的利第一次尝到了捷足先登的甜头。2002 年集团公司市场销售额突破 7 亿元,产销规模居全国葡萄糖饮料同行业之最。

> **案　例** | 日本大金向开利微笑的资本

日本大金工业株式会社自 1924 年创立以来,不断壮大发展,目前已成为一家活跃在空调、制冷、氟化学、电子、油压机械等多种领域的跨国企业。特别在空调冷冻方面,产品种类达 5000 种之多,在日本的市场占有率始终保持第一,是世界上唯一集空调、冷媒以及压缩机的研发、生产和销售于一体的跨国企业。其销售额约 70 亿美元,居全球第二位。

为了树立自己的品牌,日本大金走了不同于美国特灵、开利等厂商的路子,选择以技术领先为切入点,率先发明了 VRV(冷剂式空调系统)中央空调。

1969 年,大金最早发明了家用 VRV 中央空调;1982 年,又成功开发出商用 VRV 中央空调。经过近 40 年的不断发展与创新,大金商用 VRV 系统在全球已累计销售 60 多万套,获得专利 856 项。

目前,在中央空调领域里:开利(Carrier)是全球空调专家,为客户提供最全面的中央空调产品;特灵是高端商业空调品牌,专注于高端大型商用主机的研发与制造;长沙远大是全球最大的非电中央空调制造商。而大金则是以 VRV 中央空调见长的品牌。

大金就代表 VRV,VRV 就是大金,尽管后来有许多厂家也开始生产 VRV,但从未超越大金。

依靠 VRV 技术为品牌建立的区隔,大金成为仅次于美国开利的全球第二大空调企业。

案 例 | 新中大软件的个性化服务

在商业管理软件领域,用友、金蝶是公交车,面对中低端提供大众化的服务;新中大是出租车,面对中高端提供个性化一对一的服务;Oracle 和SAP 是豪华型奔驰出租车,是一种奢侈的消费。

当用友、金蝶在国内已小有名气的时候,新中大在 1993 年靠着"四五条枪"和一间破办公室才刚刚起步。10 年后,新中大已然杀入中国管理软件三强。据调查报告显示,新中大已经成为公共财政管理软件的第一品牌,占有 50% 以上的市场份额,在其他专业和特定的行业细分领域,新中大也是所向披靡。新中大软件公司总裁石钟韶说:我们提出精细化营销,并不是一句口号,而是有许多配套措施的,在市场战略方面做到精细化。新中大定位于在中高端管理软件中做第一品牌,成为某个细分市场上的老大。进行精细化营销定位的第二个方面就是选择行业。新中大提出一个目标,争取在 10 个行业里打造第一品牌,这 10 个行业中包括服装、纺织、造纸等。在这些行业里,新中大主要注重三个领域:企业、大工程项目及政府。

从企业角度说,许多软件公司就是只专注于在某一个行业内发展,结果很多都做得很成功。这给了新中大极大的启发:要在特定行业做深做透。只有做成行业内的专家,才可以给客户提供更多的咨询服务,才能够针对客户需求,提供更有针对性的产品和服务。

2003 年,新中大在公共财政管理软件市场的占有率达 50% 以上,而用友也不过是 20% 多;2005 年,在广东财政系统内的占有率为 67% 左右;以至于在某些招标中,发包方说:"没有新中大软件,我们不开标。"

功效定位

消费者购买产品主要是为了获得产品的使用价值,希望产品具有其所期望的功能、效果,因而以强调产品的功效为诉求是品牌定位的常见形式。

很多产品具有多重功效,定位时向顾客传达单一的功效还是多重功效并没有绝对的定论。但由于消费者能记住的信息是有限的,往往只对某一强烈诉求容易产生较深的印象。因此,向消费者承诺一个功效点的单一诉求更能突出品牌的个性,获得成功的定位。

如洗发水,飘柔的承诺是"柔顺",海飞丝是"去头屑",潘婷是"健康亮泽",舒肤佳强调"有效去除细菌";如汽车,沃尔沃汽车定位于"安全";如冰箱,新飞欧洲能效 A 冰箱诉求"节能"效果。

品质定位

品质定位就是以产品优良的或独特的品质作为诉求内容,如"好品质"、"天然出品"等,以面向那些主要注重产品品质的消费者。

适合这种定位的产品往往实用性很强,必须经得起市场考验,能赢得消费者的信赖。如蒙牛高钙奶宣扬"好钙源自好奶",创维彩电强调"专业制造,国际品质"。

企业诉求制造产品的高水准技术和工艺也是品质定位的主要内容,体现出"工欲善其事,必先利其器"的思想。如乐百氏纯净水的"27 层净化"让消费者至今记忆深刻;长富牛奶宣传的"全体系高端标准奶源,全程序高端标准工艺,纯品质完成本真口味"给人以不凡的品质印象。

情感定位

情感定位是将人类情感中的关怀、牵挂、思念、温暖、怀旧、爱等情感内涵融入品牌,使消费者在购买、使用产品的过程中获得这些情感体验,从而唤起消费者内心深处的认同和共鸣,最终获得对品牌的喜爱和忠诚。

浙江纳爱斯的雕牌洗衣粉，借用社会关注资源，在品牌塑造上大打情感牌，其创造的"下岗片"，就是较成功的情感定位策略，"……妈妈，我能帮您干活啦"的真情流露引起了消费者内心深处的震颤以及强烈的情感共鸣，自此，雕牌更加深入人心。

还有丽珠得乐的"其实男人更需要关怀"，也是情感定位策略的绝妙运用。

哈尔滨啤酒"岁月流转，情怀依旧"的品牌内涵，让人勾起无限的岁月怀念。

企业理念定位

企业理念定位就是企业用自己的具有鲜明特点的经营理念和企业精神作为品牌的定位诉求，体现企业的内在本质。一个企业如果具有正确的企业宗旨、良好的精神面貌和明晰的经营哲学，那么，企业采用理念定位策略就容易树立起令公众产生好感的企业形象，借此提高品牌的价值，光大品牌形象。

如"IBM 就是服务"是美国 IBM 公司的一句响彻全球的口号，是 IBM 公司经营理念的精髓所在；金娃的"奉献优质营养，关爱少儿长远身心健康"，使家长觉得金娃是一个有责任心与爱心的品牌，从而对金娃产生认同。

飞利浦的"让我们做得更好"、诺基亚的"科技以人为本"、TCL 的"为顾客创造价值"、招商银行的"因您而变"等都是企业理念定位的典型代表。

自我表现定位

自我表现定位通过表现品牌的某种独特形象和内涵，让品牌成为消费者表达个人价值观、审美情趣、自我个性、生活品位、心里期待的一种载体和媒介，使消费者获得一种自我满足和自我陶醉的快乐感觉。

如果汁品牌"酷儿"的"代言人"大头娃娃，右手叉腰，左手拿着果汁饮料，陶醉地说着"QOO……"这个有点儿笨手笨脚、却又不易气馁的蓝色酷儿形象正好符合儿童"快乐、喜好助人但又爱模仿大人"的心理，小朋友看到酷儿就像看到了自己，因而博得了小朋友的喜爱。

浪莎袜业锲而不舍地宣扬"动人、高雅、时尚"的品牌内涵，给消费者一种表现靓丽、妩媚、前卫的心理满足。

夏蒙西服定位于"007 的选择"，对渴望勇敢、智慧、酷美和英雄的消费者极具吸引力。

高级群体定位

企业可借助群体的声望、集体概念或模糊数学的手法,打出入会限制严格的俱乐部式的高级团体牌子,强调自己是这一高级群体的一员,从而提高自己的地位形象和声望,赢得消费者的信赖。

美国克莱斯勒汽车公司宣布自己是美国"三大汽车公司之一",使消费者感到克莱斯勒和第一、第二一样都是知名轿车了,从而收到了良好的效果。

利君沙、雕牌、冷酸灵都打出"中国驰名商标"的口号,给人深刻的印象。

升达地板、双鹿空调强调"国家免检产品",增强了消费者对公司产品的信赖感。

首席定位

首席定位即强调品牌在同行业或同类中的领导性、专业性地位,如宣称"销量第一"。

在现今信息爆炸的社会里,消费者对大多数信息毫无记忆,但对领导性、专业性的品牌印象较为深刻。如百威啤酒宣称是"全世界最大、最有名的美国啤酒",双汇强调"开创中国肉类品牌",波导手机宣称"连续三年全国销量第一",这些都是首席定位策略的运用。

雅戈尔宣称是"衬衫专家";格兰仕推出柜式空调,宣称是"柜机专家",致使其他的竞争品牌不能采用相同的定位策略,因而这也都是首席定位策略的表现。

质量/价格定位

质量/价格定位即将质量和价格结合起来构筑品牌识别。

质量和价格通常是消费者最关注的要素,大家都希望买到质量好、价格适中或便宜的物品。因而在实际中,这种定位往往宣传产品的价廉物美和物有所值。

戴尔电脑采用直销模式,降低了成本,并将降低的成本让利给顾客,因而戴尔电脑总是强调"物超所值,实惠之选"。雕牌用"只选对的,不买贵的"暗示雕牌的实惠价格。奥克斯空调告诉消费者"让你付出更少,得到更多"和乐凯胶卷宣称的"拍得好,花得少"也都是既考虑了质量又考虑了价格的定位策略。

生活情调定位

生活情调定位就是使消费者在产品的使用过程中能体会出一种良好的

令人惬意的生活气氛、生活情调、生活滋味和生活感受,从而获得一种精神满足。这种定位使产品融入消费者的生活中,成为消费者的生活内容,使品牌更加生活化。

如青岛纯生啤酒的"鲜活滋味,激活人生",给人以奔放、舒畅和激扬的心情体验;美的空调的"原来生活可以更美的",给人以舒适、惬意的生活感受;云南印象酒业公司推出印象干红的广告语为"有效沟通,印象干红",赋予品牌一种能在人际交往中获得轻松、惬意的交流氛围,从而达到有效沟通的效果。

类别定位

类别定位就是与某些知名而又属司空见惯类型的产品作出明显的区别,或给自己的产品定位为与之不同的另类,这种定位也可称为与竞争者划定界线的定位。

如美国的七喜汽水,之所以能成为美国第三大软性饮料,就是由于采用了这种策略,宣称自己是非可乐型饮料,是代替可口可乐和百事可乐的清凉解渴饮料,突出其与两"乐"的区别,因而吸引了相当部分的两"乐"转移者。

又如娃哈哈出品的"有机绿茶"与一般的绿茶构成显著差异,江苏雪豹日化公司推出的"雪豹 fe 生物牙膏"与其他牙膏形成区别,也都是类别定位策略的运用。

档次定位

不同档次的品牌带给消费者不同的心理感受和体验。

在现实生活中,常见的是高档次定位策略。世界品牌实验室发现高档次的品牌传达了产品高品质的信息,往往通过高价位来体现其价值,并给品牌赋予很强的表现意义和象征意义。

如劳力士、浪琴和上百万元一块的江诗丹顿能给消费者独特的精神体验和表达"高贵、成就、完美、优雅"的形象与地位。

奥迪 A4 上市时,就宣称"撼动世界的豪华新定义",显示出产品的尊贵和气派。

TCL 手机走高端路线,推出的蒙宝欧 S320 彩屏手机以华贵的外表和内在的优秀品质,成为手机中一颗耀眼的新星,独领风骚,其"真钻品位,至尊豪迈"的高档次定位,尽显豪华气派。

文化定位

将文化内涵融入品牌,形成文化上的品牌识别,文化定位能大大提高品牌的品味,使品牌形象独具特色。

中国文化源远流长,国内企业应予以更多的关注和运用,目前已有不少成功的案例。

珠江云峰酒业推出的"小糊涂仙"酒,就成功地实施了文化定位。他们借"聪明"与"糊涂"反衬,将郑板桥"难得糊涂"的名言融入酒中。由于把握了消费者的心理,将一个没什么历史渊源的品牌运作得风生水起。

金六福酒实现了"酒品牌"与"酒文化"的信息对称,把在中国具有亲和力与广泛群众基础的"福"文化作为品牌内涵,与老百姓的"福"文化心理恰巧平衡与对称,使金六福品牌迅速崛起。

对比定位

对比定位是指通过与竞争对手的客观比较来确定自己的定位,也可称为排挤竞争对手的定位。

在对比定位中,企业设法改变竞争者在消费者心目中的现有形象,找出其缺点或弱点,并用自己的品牌进行对比,从而确立自己的地位。

在止痛药市场,美国的泰诺击败占"领导者"地位的阿司匹林,也是采用这一定位策略。由于阿司匹林有潜在的引发肠胃微量出血的可能,泰诺就宣传"为了千千万万不宜使用阿司匹林的人们,请大家选用泰诺"。

又如农夫山泉通过天然水与纯净水的客观比较,确定天然水优于纯净水的事实,宣布停产纯净水,只出品天然水,鲜明地亮出自己的定位,从而树立了专业的健康品牌形象。

概念定位

概念定位就是使产品、品牌在消费者心智中占据一个新的位置,形成一个新的概念,甚至造成一种思维定式,以获得消费者的认同,使其产生购买欲望。该类产品可以是以前存在的,也可是新产品类。

如在 PDA 行业里,商务通运用概念定位,创造了一个行销的神话:"手机,CALL 机,商务通一个都不能少",给消费者一个清晰的定位,以致消费者认为 PDA 即商务通,商务通即 PDA,商务通也从此坐上了行业老大的宝座。

另一个概念定位成功的案例是"脑白金",其品牌本身就创下了一个概念,容易让消费者形成诱导式购买,人们已经是身不由己地把脑白金和送礼佳品、年轻态健康品等同起来了。

历史定位

历史定位即以产品悠久的历史建立品牌识别。

消费者都有这样一种惯性思维,对于历史悠久的产品容易产生信任感。一个做了这么多年的企业,其产品品质、服务质量应该是可靠的,而且给人神秘感,让人向往,因而历史定位具有“无言的说服力”。

云南香格里拉酒业公司推出的香格里拉·藏秘青稞干红,传说是根据当年法国传教士的秘方酿制,近年在干酒行业异军突起,与其历史定位是分不开的。“来自天籁,始于1848年,跨越三个世纪,傲然独立”的品牌渲染,给人以凝重、悠远的历史品味和神往的心情。

泸州老窖公司拥有始建于明代万历元年(公元1573年)的老窖池群,所以总是用“您品味的历史,430年,国窖1573”的历史定位来突出品牌传承的历史与文明。

生活理念定位

世界品牌实验室认为,生活理念定位方式把品牌形象和生活理念联系在一起,将品牌形象人性化。这样的生活理念必须是简单而深奥的,能引起消费者内心的共鸣和对生活的信心,产生一种振奋人心的感觉,催人上进,甚至成为消费者心中的座右铭,从而给消费者以深刻印象。

纳爱斯雕牌的一则广告中,将“努力就有机会”这一简单而深奥的生活真理融入品牌,让人无限感慨,尤其令下岗工人感动,品牌自然叫人喜欢。

劲霸男装的广告很短,但十分精炼,只强调“奋斗,成就男人”,这让男人深感依恋,让男人有一种奋斗的动力。因为男人深感只有努力奋斗,才会有所成就。

比附定位

比附定位就是攀附名牌,以借名牌之光而使自己的品牌生辉,世界品牌实验室认为其主要有两种形式:

一是甘居第二,即明确承认同类中另有最负盛名的品牌,自己只不过是第二而已。这种策略会使人们对公司产生一种谦虚诚恳的印象,相信公司所说是真实可靠的。如美国阿维斯出租汽车公司强调“我们是第二,我们要进一步努力",从而赢得了更多忠诚的客户。蒙牛乳业启动市场时,宣称"做内蒙古第二品牌"、"千里草原腾起伊利集团、蒙牛乳业……我们为内蒙古喝彩"。

二是攀龙附凤,其切入点亦如上述,承认同类中某一领导性品牌。本品牌虽自愧不如,但在某地区或在某一方面还可与它并驾齐驱,平分秋色,并和该品牌一起宣传。如内蒙古的宁城老窖,宣称是"宁城老窖——塞外茅台"。

形态定位

形态定位是根据产品独特外部形态特点来做品牌识别。

在产品的内在特性越来越相同的今天,产品的形态本身就可以造就一种市场优势。

形态定位方式在如今"硝烟四起"的手机市场尤为突出。康佳推出独特的 R6166"黑屏"手机,在手机中独树一帜。夏新会"跳舞"的 A8 手机,让人耳目一新。海尔的"奔风"手机,强调独具一格的"笔形"。这些对于崇尚独特个性、喜好求新求异的消费者尤其具有吸引力。

情景定位

情景定位是将品牌与一定环境、场合下产品的使用情况联系起来,以唤起消费者在特定的情景下对该品牌的联想,从而产生购买欲望和购买行动。

雀巢咖啡的广告不断提示在工作场合喝咖啡,会让上班族口渴、疲倦时想到雀巢。

喜之郎果冻在广告中推荐"工作休闲来一个,游山玩水来一个,朋友聚会来一个,健身娱乐来一个",让人在这些快乐和喜悦的场合想起喜之郎。

消费群体定位

世界品牌实验室认为,消费群体定位直接以产品的消费群体为诉求对象,突出产品专为该类消费群体服务,从而获得目标消费群的认同。把品牌与消费者结合起来,有利于增进消费者的归属感,使其产生"我自己的品牌"的感觉。

如金利来定位为"男人的世界";哈药的护彤定位为"儿童感冒药";百事可乐定位为"青年一代的可乐";北京统一石油化工公司的"统一经典"润滑油将目标锁定为"高级轿车专用润滑油"。

（资料来源:《品牌定位策略的 20 种选择》）

三、集中力量发挥优势效应

战争的第一原则是集中兵力

战略上最重要而又最简单的准则是集中兵力。

——克劳塞维茨《战争论》

在战役和战斗的部署方面集中绝对优势的兵力,即集中六倍、五倍、四倍,至少也要三倍于敌的兵力,反对平分兵力;在敌处进攻我处防御地位时,选择敌前进中较弱的一路(一部),首先进行分割包围各个歼击,得手后,依情况,再逐次歼击他路(他部)之敌;在敌处防御我处进攻地位时,依情况,可同时攻击或逐个攻击。

——毛泽东《集中优势兵力,各个歼灭敌人》

军事上第一原则是"集中兵力"。古今中外著名的军事家在著述中一次又一次地重复这一原则。

商场如战场,在激烈的市场竞争中,集中力量做事情,是企业重要的行动准则。

马太效应与赢家通吃

很多领域,我们能够记住第一,却不能记住第二。成为第一的回报远远大于成为第二的回报(图5-3)。

《圣经·马太福音》中有这样一个故事。一个国王远行前,交给三个仆人每人一锭银子,吩咐他们:"你们去做生意,等我回来时,再来见我。"国王回来时,第一个仆人说:"主人,你交给我们的一锭银子,我已赚了10锭。"于是国王奖励他10座城邑。第二个仆人报告说:"主人,你给我的

我们能够记住第一	我们能够记住第二吗？
● 世界最高峰是	● 世界最二高峰是
● 第一个登上月球的人是	● 第二个登上月球的人是
● 篮球打得最好的中国人是	● 篮球打得第二好的中国人是

图 5-3　我们能够记住第一，但能够记住第二吗？

一锭银子，我已赚了五锭。"于是国王奖励了他五座城邑。第三个仆人报告说："主人，你给我的一锭银子，我一直包在手巾里存着，我怕丢失，一直没有拿出来。"于是国王命令将第三个仆人的一锭银子也赏给第一个仆人，并且说："凡是少的，就连他所有的也要夺过来。凡是多的，还要给他，叫他多多益善。"

这就是马太效应：赢家通吃，一步领先，步步领先。

两个世界级短跑运动员，一个集中在 100 米，另一个则同时跑 100、200、400、800 米。一个成了世界冠军，另一个每项都成了第二。世界冠军人人尽知，也因此有社会上、财富上的"成功"。第二位做的其实是一件比冠军更难的事情，却并不成功。

要成为第一，而不是"几乎同样好"的第二、第三。

集中力量才能做到最好

在一个窄的领域成为第一，比在一个宽的领域成为第二要成功许多倍，而且要容易许多倍。前者的战略对了，后者的战略错了！做好一件事，比做好几件事更容易，也更容易成功。

一个专注的常人比一个精力分散的天才更有成就。一个极端例子是，如果一个麻雀一再跳到一个大桥的同一点并保持节奏，共振的力量可以把大桥弄塌。

所有的生产要素都是某一种能量，能量只有集中起来才有力量。集中力量，才有可能成为区域的第一，乃至成为行业的第一。集中力量，能够实现市场领先,能够提高专业化程度。因为市场领先,所以市场份额领先,客户信任度领先,品牌领先。因为专业化,所以高质量、低成本、高利润。

麦肯锡研究发现,成功的机械制造公司往往集中在少数几个产品上(图5-4)。

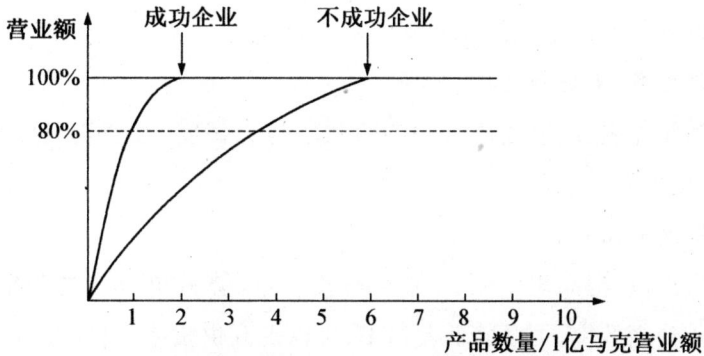

图 5-4　成功的机械制造公司往往集中在少数几个产品上

集中力量,成为第一,能够实现五个优势(图 5-5):

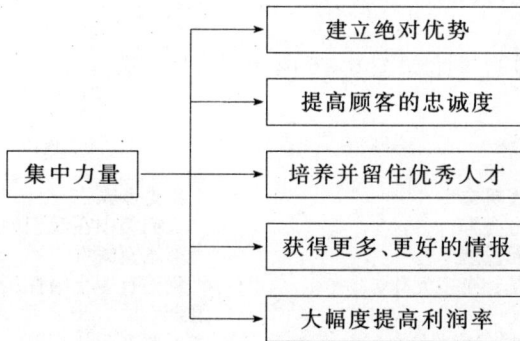

图 5-5　集中力量的优势效应

建立绝对优势

研究表明,必须以领先对手 1.7 倍的绝对优势压倒第二位对手,才能保持并发挥优势,控制区域市场主动权。唯有集中力量,才能持久地保持对第二位对手的绝对优势。

提高顾客的忠诚度

在接受信息方面,客户的注意力是有限的,是被动的接受。客户只记得住第一,认为只有第一才值得信赖。

培养并留住优秀人才

"人往高处走",人才的聚集规律和流动规律决定了只有成为领先者才能更好地培养和留住优秀人才。

获得更多、更好的情报

成为领先者,能够提高客户的信赖感与忠诚度,方便获取更好的情报,采集更多的一手信息。

大幅度提高利润率

集中力量,提高规模化、专业化程度,可以降低单位分销费用,可以提高人员分销效率,可以降低差错率,可以提高供货率,可以提高响应市场速度,可以降低库存积压,可以改善库存结构,可以减少应收款,可以避免以压缩开支方式抵御价格战,以最终能够大幅度提高利润率。

集中力量,逐点突破

分散与集中的对比如图5-6所示。

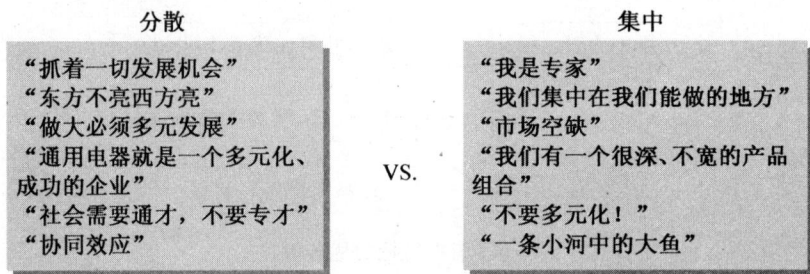

分散		集中
"抓着一切发展机会" "东方不亮西方亮" "做大必须多元发展" "通用电器就是一个多元化、成功的企业" "社会需要通才,不要专才" "协同效应"	VS.	"我是专家" "我们集中在我们能做的地方" "市场空缺" "我们有一个很深、不宽的产品组合" "不要多元化!" "一条小河中的大鱼"

图5-6　分散还是集中

多元化还是专业化？这是中国民营企业现阶段需要回答的一个问题。

支持多元化的企业家列举了如下理由：

多元化发展能有效分散经营风险；

多元化发展能实行优化整合，充分整合内部优势；

多元化发展能使企业快速做大做强；

多元化发展能抢抓更多的发展商机；

多元化发展能够凝聚更多的优秀人才。

多元化和集中并不是对立的。多元化的基础是集中和专业化。如果没有优势领域，多元化就成了分散化(图5-7)。

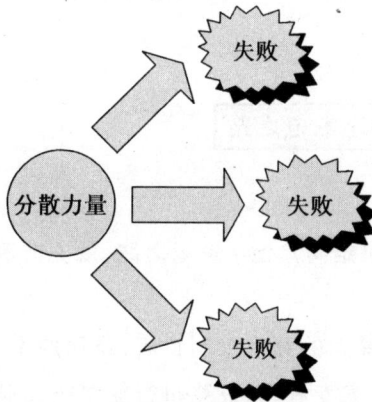

图5-7　分散力量导致失败

"同时想抓两只兔子的人最后一只也抓不到。"不要一千个问题解决得和竞争对手一样好，而要一个问题解决得比对手好得多(图5-8)。

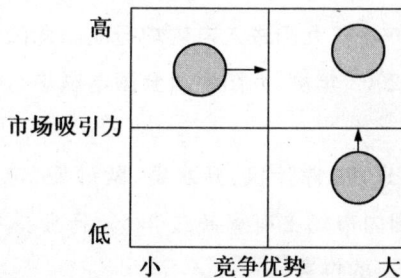

图5-8　选择合适的领域

正确的做法是集中力量,在选择自身竞争优势大且市场吸引力高的领域,把这个领域做到最好。然后再集中力量,再在下一个领域里做到最好。如此持续进行,成就卓越的企业(图5-9)。

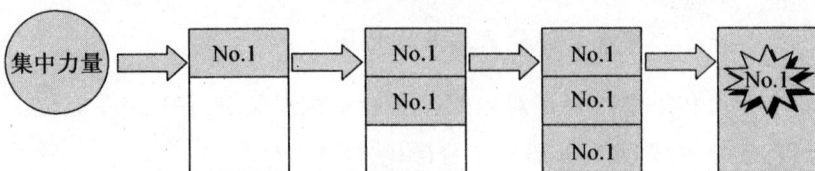

图5-9　集中力量,成就卓越

案 例｜九阳走向小家电之路

九阳从专业豆浆机走向其他小家电之路,就充分利用了集中力量、逐点突破的战略。

九阳公司是全球最大的豆浆机制造商,公司的拳头产品九阳牌系列家用豆浆机拥有23项国家专利,为豆浆机行业第一品牌。产品畅销全国,并远销海外20多个国家和地区,年销量突破百万台,年产值几个亿。九阳在全国地市级以上城市拥有200多个服务网点,在行业内率先在全国大部分城市实行了上门服务。后来,九阳开发了专供酒店、写字楼的商用豆浆机,开拓了新的市场空间。2003年,九阳营业额近三亿元,其中两亿来自豆浆机。

继豆浆机之后,2001年九阳进入电磁炉行业。九阳电磁炉自上市以来,也取得了不凡业绩。2003年度,九阳位居全国电磁炉行业前两名,成为电磁炉行业主导品牌。

九阳还开发了料理机、榨汁机、开水煲、紫砂煲、电压力煲等系列小家电。料理机、榨汁机国内市场占有率超过30%,行业排名第一;紫砂煲和开水煲也已占据行业第二的位置。

对小企业来说,自身力量不够强,不集中力量就是没有力量。不集中力量,企业就做不大。对于大企业来说,不集中力量,主业不突出形成不了核心竞争力。

<table>
<tr><td>案　例</td><td>**IBM 曾经的伤痛**</td></tr>
</table>

多元化发展曾使得蓝色巨人 IBM 差点倒塌。

从 20 世纪 80 年代末到 90 年代初,IBM 经历了从辉煌走向快速跌落,创伤随处可见。IBM 原来曾经占有"大型主机"的定位,该定位使它成为美国最成功的公司。辉煌时的 IBM 占有整个大型机市场 70％的份额,控制着 95％的利润。后来 IBM 把品牌相继延伸至小型机、个人电脑、软件、芯片等领域,以至于被各个领域的专家级对手肢解。IBM 在 PC 机领域被康柏、戴尔打败,在软件领域输给微软,在芯片领域被英特尔打败。由于各领域的败退,1993 年 IBM 公司的股票跌至 20 年内最低点,公布的损失达 81亿美元。

1993 年,郭士纳被邀请担任 IBM 公司首席执行官。郭士纳重新定义了 IBM 的客户价值:提供"商务问题的端到端解决方案"。通过一系列的改革措施,蓝色巨人再次走向辉煌,五年之内从亏损 150 亿美元扭转为盈利 50 亿美元。在郭士纳及续任 CEO 彭明盛的手中,IBM 剥离了PC、硬盘、驱动器、显示器和打印机系统等业务,又进行了超过 60 次收购,重组业务。

现在,软件业务已经占 IBM 税前收入的 40％;服务占 37％;硬件和全球融资占 23％。2008 年初,IBM 确立了三大发展战略:成为全球整合企业的典范,专注于开放的科技和高价值的解决方案,以及为客户带来整合与创新的价值(图 5 - 10)。

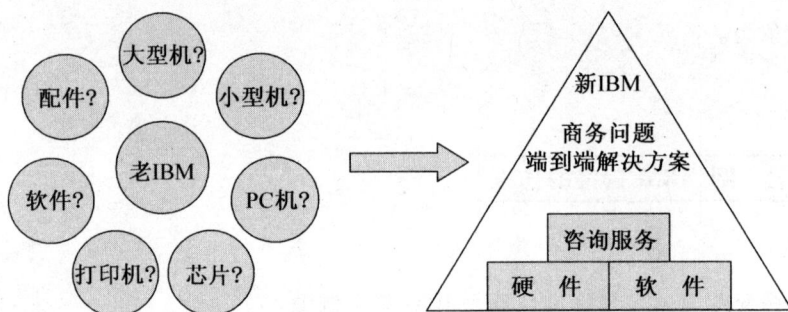

图 5-10　IBM 的转型：由分散转为集中

四、明确定位的三重攻略

随着各行业竞争的普遍加剧,产品及品牌选择日趋增多,社会信息空前繁复拥挤,中国的消费者正趋向于认可有定位的品牌。与此同时,企业的营销早已不仅仅是做好产品或塑造良好的品牌形象,重要的是要为自己的品牌确立清晰的定位,才能有真正长远的发展,建立起品牌。好的定位可以以一当十,使品牌迅速崛起;反之,品牌塑造便会举步维艰,甚至惨不忍睹。

面对竞争日趋白热化的国内各行业市场格局,如何才能使品牌定位更加精准,使品牌运作更加有效率? 明确定位的三重攻略是:

抢先占位:如果位置无人占据,迅速、全力地去占据。

关联占位:如果位置已被占据,努力与对手关联,作为第二选择。

取代占位:如果对手有弱点,挤开对手,取代其位置。

定位方法一：抢先占位

发现消费者心智中有价值的阶梯位置无人占据，品牌就应该第一个全力去占据它(图 5 - 11)。

图 5 - 11　抢先占位

步步高进入电话机市场时，严阵以待的厂商已有数百家了，竞争趋于白炽化。如果步步高与对手们展开正面竞争是很难取胜的，它发现在电话机行业里面有一个空白点，没有一个品牌代表无绳电话机，于是它一马当先推出"步步高无绳电话，方便千万家"。后来步步高成为了无绳电话机的领导品牌，即步步高成为了无绳电话机的代名词，步步高这个品牌已经占据了这个定位。从此，步步高占据了这座油井，一发而不可收。

其实，步步高并不是在市场上第一个做无绳电话机的，侨兴比步步高要早得多，资产规模也要大得多。但侨兴没有品牌规划，也没有品牌战略，结果被后进入市场的步步高领先，使其资产、规模、技术、产品都处于不利地位，甚至失去了意义。

只有品牌定位准确了，才可能制定准确的品牌战略。

定位方法二：关联占位

发现某个阶梯上的首要位置已被别人占据，品牌可以努力与阶梯中的强势品牌或产品关联起来，使消费者在首选强势品牌/产品的同时，紧接着联想到自己，作为第二选择(图 5 - 12)。

七喜品牌刚诞生的时候，只不过是一种普通的汽水而已，和众多的汽水一起被淹没在品牌的海洋中。当时可口可乐和百事可乐在美国软饮料市场上已占据了不可动摇的霸主地位。在美国消费者的脑海中，"两乐"已经成为软饮料理所当然的代名词。如果七喜采用传统的品牌建立和提升策略的话，就算是耗资巨大也可能于事无补，依旧难以与"两乐"抗衡。经过对消费者大面积的调查和研究之后，七喜想到了借"两乐"搭建好的梯子往上爬，和可口可乐的定位关联起来。

图 5 - 12　关联占位

七喜对美国当时的饮料市场进行了创造性的切割，把可口可乐和百事可乐等产品定义为"可乐饮料"，自己的产品则定义成"非可乐"。"非可乐"广告大获成功："清新，干净，爽快，不会太甜腻，不会留下怪味道，可乐有的，它全有，而且还比可乐多一些。七喜……非可乐。独一无二的非可乐。"七喜从而一跃成为美国第三大饮料品牌。

定位方法三：取代占位

当强势品牌有着潜在的弱点，当引起消费者的注意和认同时，可以借助打击此弱点的方法，挤开对手，取代其位置(图 5 - 13)。

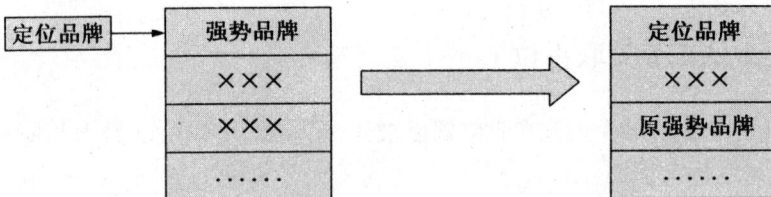

图 5 - 13　取代占位

目前，在世界的很多市场，泰诺是头痛药的第一品牌，它的成功就来自于攻击广告的功效。在泰诺之前,阿司匹林是头痛药第一品牌,但后者在医学上有潜在的引发胃肠微量出血的可能。泰诺就对此发起针对性的广告,宣传"为了千千万万个不宜使用阿司匹林的人们,请大家选用泰诺"。

最终,阿司匹林一蹶不振,其位置自然被泰诺取代。

五、定位的四个关键性问题

定位的四个关键性问题是:

- 市场环境
- 目标客户
- 竞争对手
- 差异性优势(图 5 - 14)

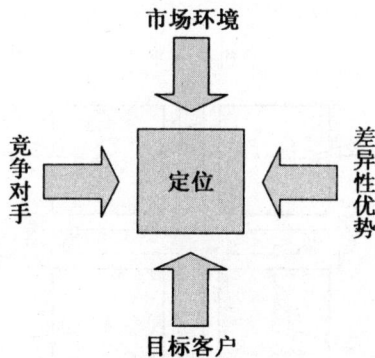

图 5 - 14　影响定位的四个"力"

市场环境

市场环境是影响产品生产和销售的一系列外部因素。市场环境包括宏观环境和微观环境(图 5 - 15)。

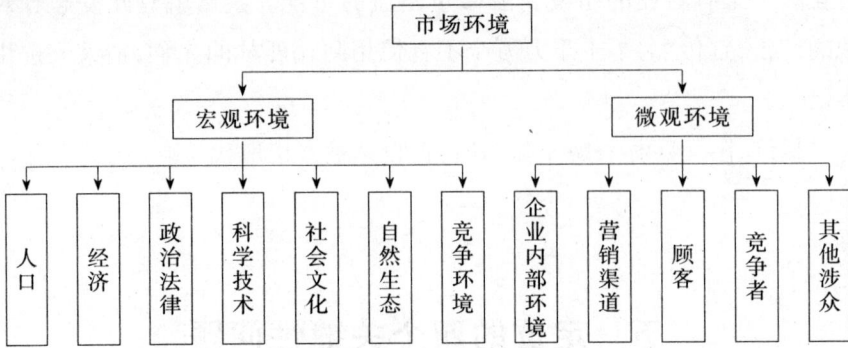

图 5 - 15　市场环境

　　针对市场环境元素,可以使用机会威胁矩阵分析(图 5 - 16)来确定
定位策略:

　　　　市场机会很多,严重威胁很少——抢先占位;

　　　　市场机会很多,威胁也很严重——取代占位;

　　　　市场机会很少,威胁也不严重——关联占位;

　　　　市场机会很少,威胁却很严重——不涉足。

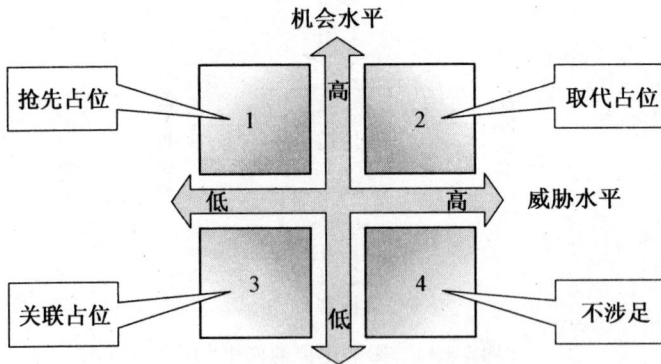

图 5 - 16　机会威胁矩阵的占位分析

目标客户

目标客户是企业或商家提供产品、服务的对象。需要注意的是,很多情况下,商品的使用者并不是企业的目标客户。在特殊的情况下,目标客户并不是显在的,直观上能够判断出来的。在这种情况下,只有分清真正的目标客户,才能准确定位,乃至开辟一块新市场。

脑白金是珠海巨人集团旗下的一个保健品品牌,该品牌创立于1994年。由于成功的市场营销策略,在数年时间内,脑白金成为中国大陆知名度最高和身价最高的保健品品牌之一,年均利润可达3.5亿~4亿元人民币。2005年春节期间的销售额更是达到8.2亿元人民币。其广告词"今年过节不收礼,收礼只收脑白金",则成为中国知名度最高的广告词之一。

最初脑白金的目标客户是老年人,但老年人很少有人出钱来买。史玉柱曾经一次又一次地跑去商场,问那些买脑白金的人为什么要买脑白金;在脑白金最早起家的江苏江阴市场,他挨家挨户去问农村老太太,怎么才会买保健品?最终得出的结论是,很多老人想吃保健品,但不舍得自己买。最终,史玉柱等人将目标客户定位为送礼的人,就是后来的广告词:"今年过节不送礼,送礼就送脑白金!"

脑白金的广告虽然没有艺术性,但却是非常成功的市场营销策略。史玉柱说:"我的成功没有偶然因素,是我带领团队充分关注目标消费者,做了辛苦调研而出来的。"

竞争对手

竞争对手可分为直接对手、间接对手和潜在对手。其中,潜在竞争对手是最难分析,且是对定位非常重要的影响因素。

识别潜在竞争对手的途径为:

· 不在本行业,但能够轻易克服行业壁垒的企业

- 进入本行业可产生明显协同效应的企业
- 行业战略的延伸必将导致加入本行业竞争的企业
- 可能前向整合或后向整合的客户或供应商
- 可能发生兼并或收购行为的企业

定位,尤其是抢先占位式定位,占领的是一个目前没有竞争对手的市场。这个市场当时并没有企业进入,却可能有潜在的竞争对手在观望之中,忽略这些潜在的竞争对手可能导致辛辛苦苦培育出来的市场最终拱手让人。

博客中国的衰落就是如此。

博客(Blog),也就是网络日记。"博客"这个词是由方兴东翻译过来的。方兴东被称为"博客教父",他创立的博客中国成立短短一年内便成为全球第一中文博客网站,也得到资本市场的高度青睐,获得数轮融资。

随着博客的盛行,新浪、搜狐、网易、腾讯等门户网站纷纷进军博客领域,把"博客"作为网站的一个功能部分。门户网站博客兴起的同时,以"博客中国"为代表的专业博客网站开始衰落。

差异性优势

差异性优势是产生区隔的必要条件。差异性优势指的是相对优势和局部优势,而不是企业的内在优势;是我们的企业相对于竞争对手的优势,而不一定是企业擅长的领域这种内在优势。差异性优势的分析不仅要考虑直接竞争对手,同时也应分析间接竞争对手,乃至潜在竞争对手。

靠优良服务赢得顾客和占领市场,是 IBM 公司成功的秘诀。IBM 公司总裁小托马斯·沃森对"服务"曾做了这样说明:"多年以前,我们登了一则广告,用一目了然的粗笔字体写着'IBM 就是最佳服务的象征'。我始终认为,这是我们有史以来最好的广告。因为它清楚地表达出了 IBM 公司真正的经营理念——我们要提供世界上最好的服务。"

在日益激烈的市场竞争中,产品的价格和技术差别正在逐步缩小,影响消费者购买的因素除产品的质量和公司的形象外,最关键的还是服务的品质。IBM 公司正是看清了这一点,运用差异化的服务使企业和产品在消费者心中永远占有"一席之地"。

第六章

挖掘优势(差异化)

"短板理论"认为,一个木桶最短的那块板子决定了木桶的容量。在现实中,很多企业的失败确实是因为最短的板子那里出了问题。但是,并非仅仅弥补短板就可以使企业成功。

一个秀才捡到了一副象牙筷子,他觉得这筷子档次太高了,不能配合使用普通的陶瓷碗,于是他花钱买了个玉碗。有了玉碗和象牙筷子之后,又觉得家里的木桌不配,又借钱买来了大理石桌。几番折腾后,秀才已经穷困潦倒,只能白天拿玉碗沿街乞讨,晚上在大理石桌上睡觉。这就是江苏人所说的"拾到象牙筷,吃穷了人家"的故事。很多企业就在做这样的事情——想办法去弥补弱点而不是去挖掘自己的优势。你跑得再快,能够跑得过刘翔吗?

控制弱点是必要的,弥补短板可以使企业暂时远离失败,但是企业能否成功取决于能否主动挖掘出自身的优势。因此,更重要的是挖掘优势。

一、优势不仅仅是优点

什么是优点?优点是好的地方,是长处。

什么是优势？优势是比对方有利的形势。

"田忌赛马"是一个老少皆知的典故。齐国使者到大梁来，孙膑以刑徒的身份秘密拜见，用言辞打动齐国使者。齐国使者觉得此人不同凡响，就偷偷地用车把他载回齐国。齐国将军田忌非常赏识他，并且待如上宾。

田忌经常与齐国诸公子赛马，设重金下注。孙膑发现他们的马脚力都差不多，可分为上、中、下三等。于是孙膑对田忌说："您只管下大赌注，我能让您取胜。"田忌相信并答应了他，与齐王和诸公子用千金来赌胜。比赛即将开始，孙膑说："现在用您的下等马对付他们的上等马，拿您的上等马对付他们的中等马，拿您的中等马对付他们的下等马。"

三场比赛完后，田忌两胜一负，最终赢得齐王的千金赌注。于是田忌把孙膑推荐给齐威王。齐威王向他请教兵法后，就请他做老师。

通过这个故事可以明确区分"优点"和"优势"。

上等马跑得快，这是优点，但是不一定是优势。上等马对上等马，就不具备"跑得快"这种优势(图6-1)。这叫做有优点，无优势。上等马对中等马，则是既有优点，也有优势(图6-2)。

中等马没有上等马跑得快，中等马没有"跑得快"这种优点。一旦中等马对上了上等马，那就既无优点，也无优势(图6-3)。但是，一旦"中等马"对上了"下等马"，中等马就有"跑得快"的这种优势(图6-4)。这叫做无优点，有优势。

图6-1 上等马对上等马：有优点、无优势

上等马

有优点
有优势
中等马

图 6-2　上等马对中等马：有优点、有优势

中等马

无优点
无优势
上等马

图 6-3　中等马对上等马：无优点、无优势

中等马

无优点
有优势
下等马

图 6-4　中等马对下等马：无优点、有优势

做企业就如同田忌赛马，需要：

　　争取有优点、有优势的上等马对中等马的局面——留住机遇；
　　珍惜无优点、有优势的中等马对下等马的局面——抓住机会；
　　警惕有优点、无优势的上等马对上等马的局面——蚕食鸡肋；
　　避免无优点、无优势的中等马对上等马的局面——放弃鸡蛋
（零蛋）。

图 6-5 所示为优点—优势分析。

	无优点	有优点
有优势	机会	机遇
无优势	鸡蛋	鸡肋

图 6-5　优点—优势分析

案　例｜湖南卫视"超女"的成功

"超级女声"是湖南电视台从 2004 年起与其他地市媒体联办的大众歌手选赛娱乐赛事。此项赛事接受任何喜欢唱歌的女性个人或组合的报名。其颠覆传统规则的做法，使之受到了许多观众的喜爱，成为引人注目的文化现象。

与之前的其他赛事不同，"超级女声"将观众参与放在首位。由落选的选手和其他民众组成大众评委团，负责在除总决赛外的晋级赛中的 PK 赛上，投票决定选手的去留。在后期赛程，观众的支持是决定选手排名的主要方式。电视观众可以在一场比赛结束后、另一场比赛开始前，为后一场比赛的选手投票。分赛区和总决赛的前三名直接由短信票数决定。

2005 年，"超级女声"共吸引了 15 万名选手参与，超过 2000 万观众的持续关注。七场总决赛累计赚到了 2000 多万元的广告费。2005 年，"超级女声"冠军总决赛共获得了 353 万票。2006 年，"超级女声"总决赛共获得了 520 万票。而和"超级女声"合作的"灵讯互动"，每月仅短信投票和声讯电话投票这两项业务，就带来了 2000 万元的营业额。可见观众参与度之高。

"超级女声"获得了很好的收视效果。2005 年度"超级女声"播出时期，湖南卫视的收视率仅位于央视一套之后。2006 年的"超级女声"，预选赛的全国收视率依然为 1.08%，收视份额为 7.77%，高居同时段的全国第一位。

湖南卫视作为一个商业电视台,始终要依靠高收视率来立于不败之地。虽然在实力上湖南卫视不能和中央电视台相比,但它也有自身的优势:机制灵活,了解大众的需求,熟悉大众节目的运作,把电视节目和短信、电话等结合起来,形成了一个囊括观众、选手、电视台主办方的互动狂欢。

"超级女声"的成功,就在于选择了这种互动的形式。它使平民百姓变成了以往"身高名重"者才可担任的比赛评委,加上那些参赛者本来就是他们其中的一员,那些通过电视节目播放的,参赛选手生动感人的背景资料,更是让他们从中找到了自己的影子。

二、价值取向,发现你的优势

有效的竞争优势的关键

发现优势,既要分析客户价值,又要分析竞争对手。有效的竞争优势有两个关键:客户要有需求,我们要有优势,两者缺一不可。

客户要有需求

没有需求的竞争优势是无效的竞争优势。比如说,在沙漠里种菜,没有需求,即使擅长,也无用武之地。没有需求的优势就如南辕北辙,投入越多,失败越大。在第一章摩托罗拉的铱星案例中,摩托罗拉耗巨资建立起来卫星网络后发现,主流用户并不需要这般笨重的通讯工具。

我们要有优势

客户有需求,竞争对手做不到或者做得不如我们好的地方,就是我们有效的竞争优势。

老陈是一个建筑公司很能干的推销员,他在与客户沟通中发现了一个关键的决策标准,他希望这个决策标准可使降价让步成为不必要。他注意到备选方案的评估阶段中顾客认真地问他,安装这套设备能否不破坏建筑物。"我们对所有的销售商都要问这点",这位顾客告诉老陈,"由于这是极好的古建筑物,当你们安装电缆线时我们不愿在里面打洞。"

在最后的选择阶段,这位顾客与老陈,还有老陈的竞争者进行谈判。竞争者同样为能否拿下这桩有吸引力的生意而担心,并做出了一个重大的价格让步,这一下使得老陈的方案要贵将近 20%。老陈知道,即使经理给他的 10% 的降价权派上用场,他的价格也比竞争者的贵。

他到了把王牌打出的时候。"你说安装设备不应该对该建筑有任何损坏,这是至关重要的",他提醒这位顾客,"我们相信我们已经找到这样做的办法。整个安装工作将在一个古建筑专家的监督下进行。遗憾的是,由于这将是一个耗费很大的工程,我不能给你提供任何的价格让步。"

"好极了,"这位顾客回答道,"假如你打算按你刚才所说的进行安装,那么,对我来说,这种做法的价值比几千元的价格让步要大得多。"老陈得到了这笔生意。即使把聘请专家在安装工作中的所有成本都加总起来,专家方面的成本只占降价数额的 1.5%。

客户价值取向分析——寻找价值区域

客户有三种价值取向(图 6-6):

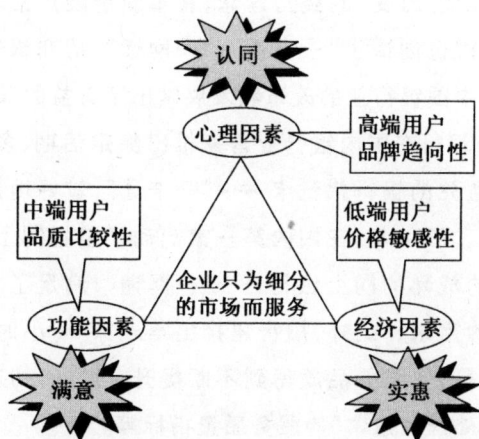

图 6-6　客户价值取向三角形

心理因素取向——高端用户,趋向品牌;

功能因素取向——中端用户,趋向品质;

经济因素取向——低端用户,趋向价格。

分析目标客户属于哪一种类型,然后采取不同的竞争策略。

如果目标用户是高端用户,需要在品牌和感性上下工夫,让客户心理认同;如果目标用户是中端用户,需要在品质上下工夫,让客户觉得满意;如果目标用户是低端用户,就需要在成本上下工夫,让客户觉得实惠。

能够辨识消费者需求的变化,能够改变企业,适应这种变化,是一种特有的竞争优势。

案 例 | 招商银行的"因您而变"

招商银行以"因您而变"的经营服务理念,创造了其独特的竞争优势。

招商银行从偏居深圳蛇口一隅的区域性小银行,经过20年的不懈努力,成为具有较大规模和实力的全国性商业银行,并跻身世界前100名银行之列。招行秉承"因您而变"的经营理念,在革新金融产品与服务方面创造了数十个第一,同时也创造了"一卡通"、"一网通"、招商银行信用卡等众多知名金融品牌,为中国银行业的改革和发展做出了有益的探索。

1995年,招商银行在国内银行业首家推出集定活期、多储种、多币种于一卡的全国通存通兑的银行借记卡——"一卡通",较好地适应了客户追求方便、快捷的需求。1998年,在国内第一家启动了包括网上个人银行、网上企业银行等在内的成熟的网上银行——"一网通",满足了客户足不出户就能享受银行服务的需求。此外,招行还推出第一家24小时自助银行、第一家24小时炒汇厅等,使服务品质得到不断提升。期间,招商银行还第一次提出了"客户投诉处理满意率"的服务质量指标等。

这一系列致力于为客户提供高效、便利、体贴、温馨的服务,带动了国内银行业服务观念和方式的变革,拉近了银行与客户的距离。招商银行行长马蔚华在接受采访时说道:"因为有了客户的支持和关心,招商银行才有今天的成绩。我们始终将客户服务放在最重要的位置,客户的声音是我们最重要的参考意见,即使是投诉,也是在帮助我们进步。"

竞争对手分析——挖掘独特卖点

"独特卖点"(USP),是美国广告大师罗塞·里夫斯最早提出的创意理论。

独特卖点要满足三个条件:一是利益承诺,强调产品有哪些具体的特殊功效和能给消费者提供哪些实际利益;二是独特,这是竞争对手无法提供或没有提供的;三是强而有力的优势。竞争对手分析的目的是寻找独特卖点——找出产品独具的特点,然后以足够强大的声音说出来,不断地强调它,让它深入到消费者的意识中去(图6-7)。

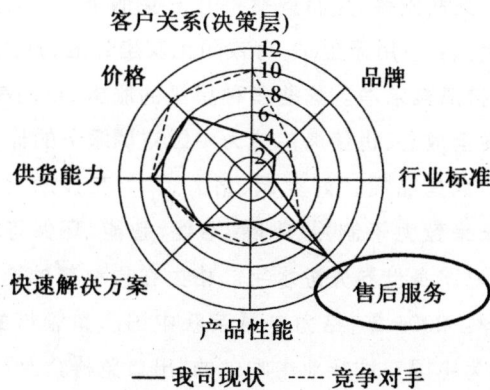

图6-7 竞争对手分析

如果在客户关系、品牌、行业标准、产品性能、快速解决方案、供货能力、价格等方面超不过竞争对手,而在售后服务方面能超过竞争对手,那么优秀的售后服务就是我方的独特卖点。宣传、强化这一优势,让客户明白我方产品强于对方产品的地方。

每个香烟盒上都印着"吸烟有害健康"的字样。南昌卷烟厂的极品金圣香烟上却写着这样两句话："吸烟有害健康，金圣与众不同。"针对烟民吸烟引起咳嗽、哮喘的问题，金圣在香烟中添加中草药成分，使其产品能够缓解咳嗽、哮喘，这一独特卖点契合了消费者的需求和愿望。2004年，南昌卷烟厂的"金圣"品牌价值评估为41.8亿元；同年，"金圣"商标被国家工商总局认定为中国驰名商标。

案　例｜国内空调企业的卖点

海尔空调的卖点是服务。空调业有句话叫"三分产品、七分安装"，服务是完整的空调产品必不可少的配套。海尔空调多年以来不断创造服务卖点以获取消费者的认可。1994年，海尔空调推出"无搬动服务"。1995年，推出"免费送货上门、免费安装、免材料费"的"三免服务"。"无尘安装"是海尔空调的一个服务卖点：采用无尘钻，有效防止灰尘外溢，打孔、安装时没有尘土飞扬，让房间保持清爽洁净。这些多种星级的服务，目的是让消费者省时省力、洁净无尘、安全放心，也使海尔成为中国空调服务的标兵。

格力空调的卖点是品质，"好空调，格力造"。在技术上，格力空调在国内领先。公司多年来致力于制冷、降噪、节能、智能、环保等核心技术，在空调核心技术领域，已跻身世界先进水平。格力在原材料的选用中，核心部件全部采用优质材料。2006年，格力电器荣获中国质量领域的最高奖项——全国质量奖，还成为中国空调行业中唯一的"出口免检企业"。

美的空调的卖点是性价比。2009年，美的二级能效系列空调成为市场需求量最大的产品，占到美的总体销量的50％以上。二级能效空调的卖点是使用成本低，以1.5P空调为例，与普通空调相比，若每天使用20小时，每天省电30％，一年省下电费将超过300元。

海信科龙空调的卖点是变频。变频空调的优点是降温速度快，高效节能，且噪音低、温差小、舒适感强，使用寿命长。

奥克斯空调的卖点是价格。奥克斯确定了"实惠空调"的战略定位，通过一系列有力度的促销活动、令人心动的让利幅度、不断推陈出新的促销以及日益完善的售后服务体系和内容,为消费者创造了"最实惠空调"。国家"家电下乡"政策的全面实施,为奥克斯的"最实惠空调"提供了最佳的推广平台和雄厚的资源支持。

一个消费者这样评价:"格力定速好,美的变频好,海尔售后好,奥克斯价格实惠。"(图 6-8)

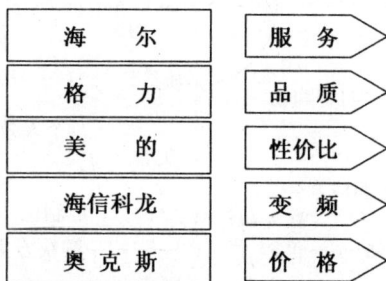

海 尔	服 务
格 力	品 质
美 的	性价比
海信科龙	变 频
奥 克 斯	价 格

图 6-8 空调企业的卖点

资 料 | 消费者的价值元素分析

罗兰·贝格咨询公司对超过 3 万名消费者进行了定量调查和针对性研究,归纳出了 19 个最核心的消费者价值需求元素。

此外,中国消费者还有一个独特的价值元素——追求更高的生活质量,渴望成功和被他人认可。

图 6-9 所示是罗兰·贝格咨询公司针对中国消费者的价值元素分布图框架。

消费者核心价值元素特征具体见表 6-1。

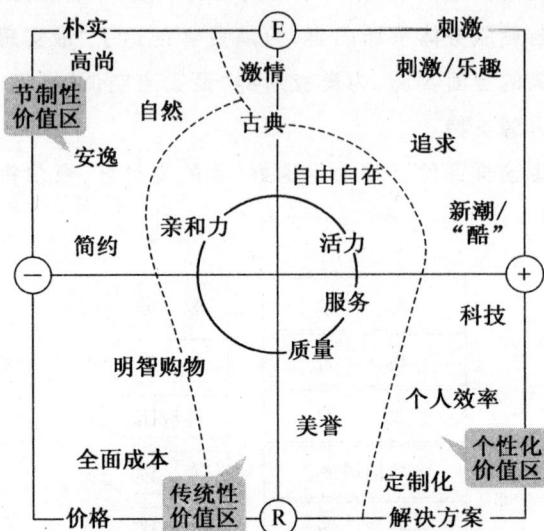

朴实 — E — 刺激

高尚   激情   刺激/乐趣

节制性价值区

自然   古典   追求

安逸   自由自在

简约   亲和力   活力   新潮/"酷"

−   服务   +

质量   科技

明智购物

全面成本   美誉   个人效率

传统性价值区   个性化价值区

价格 — R — 定制化 — 解决方案

+表示价值元素对消费有促进作用
−表示价值元素对消费有抑制作用
E 表示价值元素的感性因素
R 表示价值元素的理性因素

图 6-9 中国消费者的价值元素分布框架

表 6-1 消费者核心价值元素特征

价值元素	特 征
质 量	追求可衡量的质量表现 追求可靠性、有效性、耐用性 对产品和服务的要求高于同行业平均水平
美 誉	相信成功的经验、规则和传统 追求最大的可靠性、安全性、严谨性 重视对品牌历史的美好联想 相信有科学实验的保证
服 务	寻求有效而可行的建议 喜欢简单明确的信息 希望被关注和尊敬 渴望令人感到温暖的交往

价值元素	特　征
科　技	科技导向，寻求快速、方便的获取大量信息的方法 追求最佳表现 采用最新的科技成果，追求全球同一标准 人际交往"电子化"、"虚拟化"
个人效率	希望有效地利用个人时间 希望最高效率 寻求日常生活中的方便和舒适 对灵活性要求高，备用方案多
定制化	寻求个性化和独特性 喜欢灵活性和多样性 追求最大限度的个人介入
亲和力	寻求归属感、温暖、希望被群体接受 寻求团结、友谊和团队精神 喜欢与朋友和家庭共度时光
自由自在	易满足、轻松、快乐 无忧无虑 积极、乐观 不喜欢受约束，喜欢多样化的娱乐
活　力	追求身心健康，有活力 喜欢运动 寻求健康、有活力的生活方式 主动、活跃、积极、自由
古　典	渴求永久的美丽和风格 崇尚美丽 追求高雅情调 推崇贵族身份、精英思维
新潮、"酷"	标新立异、喜爱新鲜事物 寻求变化和新的刺激 追求反叛、与众不同 前卫、激进
刺激/乐趣	寻求兴奋和冒险 追求对个人的挑战，寻求极限体验 喜欢叛离性的突破常规 刺激、挑战胆量，在冒险中寻求乐趣和证明自我

价值元素	特 征
激情	希望引人注目 渴望爱与被爱 拥有深刻、复杂的情感 喜爱消费 表现欲强、自我陶醉
追求	不安于现状，需要获得更大的成功 对未来个人发展有清晰目标 不懈努力 需要获得他人的认可和尊重
安逸	寻求平静和放松 希望放慢速度，缓解压力，继续充电 期望和谐，寻求内心平静 喜欢独处
简约	追求简约化 低调 反对消费、奢侈，寻求耐久性
自然	提倡高环保标准，与自然界的和谐，反对"剥削"自然 愿意为自然牺牲自我 相信自然界的力量，希望人与自然和谐相处
高尚	高道德标准 反对贫富不均，反对奢侈 原意为人类的利益牺牲自我 积极参加社会公益活动
明智购物	积极砍价 系统地寻找价廉物美的商品 节省
全面成本	单纯地由成本决定 极端理性化 仔细计算每一分钱

（资料来源：罗兰·贝格咨询有限公司）

三、不要让你的优势变成劣势

　　每个企业都具备很多优势,并对此津津乐道。殊不知,没有充分把握好的话,优势也会转变为劣势。有一个故事说,三个人一同出门,一个带着雨伞,一个带着拐杖,一个什么也没有带。结果晚上回来的时候,带雨伞的人衣服被雨淋湿了,带拐杖的人被摔得满身污泥,什么也没带的人回来后,衣服没淋湿,也没有摔跤,大家都疑惑不解,纷纷互相询问起来。

　　带雨伞的人说,当下雨的时候,因为带着雨伞,所以继续很小心地在雨中前行,反而被飘来的雨水给淋湿了。带拐杖的人说,当下雨的时候,因为没有雨伞,所以就躲在屋檐下,等雨停的时候才走,但因为有拐杖,所以走路的时候什么路都敢走,不时陷入小坑中被摔倒。最后轮到那位什么都没有带的人说话了,他说,下雨的时候,因为没有伞,就早早地在屋檐下躲雨了,所以没有被雨淋湿,雨停后走路也特别小心,所以没有摔倒。

　　优势本来是一件好事,可以帮助企业更好地成长,但一旦没有利用好优势,就会成为劣势的催化剂。

案　例 | 美国通用的最大败点

　　美国通用汽车成立于 1908 年 9 月 16 日,100 多年以来,通用先后联合或兼并了别克、凯迪拉克、雪佛兰、庞帝亚克等公司,并拥有铃木、五十铃和斯巴鲁的股份,形成了丰富的产品线。自 1927 年以来,美国通用汽车一直是全世界最大的汽车公司,在全球 35 个国家和地区建立了汽车制造业务。2007 年,通用汽车在全球售出近 937 万辆轿车和卡车,在《财富》全球 500 强公司中营业额排名第五。

然而,从 2005 年开始,通用汽车几乎是一直在亏损。在美国的市场份额从 1962 年最高的 50% 以上锐减到目前的 19%。2009 年 5 月 29 日,通用股价则跌至 100 年来的最低——74 美分。2009 年 6 月 1 日,通用汽车正式宣布申请破产保护。促使通用破产的原因很多,最根本原因在于汽车的成本过高,并忽略了主流产品核心技术的自主创新,拉大了与全球汽车主流技术的距离。近 10 年来,美国通用一直专注于开发新能源车。从 20 世纪 90 年代起,纯电动车、插电式混合动力车、氢燃料电池车的研发有声有色。然而通用孤军奋战,开发新能源车掏空了全球能源结构转变的支撑,在传统产品市场,尽管在研发上做出很大努力,却在与对手的竞争中落败,市场份额萎缩,资金断链。

美国通用的最大败点就在于把高成本的技术资源运用在错误的领域。

鲨鱼效应

优势变成劣势的另一面是劣势变成了优势——竞争对手的劣势变成了优势,这称为"鲨鱼效应"。

在海洋中的鱼类,因为有鳔才能使自己在大海中自由沉浮,当鳔内充满空气的时候,鱼就上浮;当释放空气的时候,鱼儿就下沉。鲨鱼是海中的哺乳动物,鲨鱼没有鳔,但是它仍然能在海中自由沉浮,这是为什么? 因为鲨鱼为了不使自己下沉就不停游动,长此以往,鲨鱼的身体肌肉就越来越强壮,体格也越来越大,终于成为"海洋霸王"。

而那些有鳔的鱼类,生存条件得天独厚,却无一例外地成为鲨鱼的猎物。

SWOT 分析

SWOT 分析是常用的竞争优势分析工具,S、W、O、T 分别代表竞争优势(strength)、竞争劣势(weakness)、机会(opportunity)和威胁

(threat)。其中,竞争优势和竞争劣势是企业的内部因素,机会和威胁是企业的外部因素(图6-10)。正确的做法是改进劣势,监视及消除威胁。

	优 势	劣 势
机会威胁	利 用	改 进
	监 视	消 除

图 6-10 SWOT 分析

常见的劣势有:

缺乏具有竞争意义的技能技术;

缺乏有竞争力的有形资产、无形资产、人力资源和组织资产;

关键领域里的竞争能力正在丧失。

常见的外部威胁有:

出现将进入市场的强大的新竞争对手;

替代品抢占公司销售额;

主要产品的市场增长率下降;

汇率和外贸政策的不利变动;

人口特征,社会消费方式的不利变动;

客户或供应商的谈判能力提高;

市场需求减少;

容易受到经济萧条和业务周期的冲击。

通过 SWOT 分析,可为企业未来的发展方向共同制定战略规划,令企业能保持优势,改善弱点,抓紧机遇并降低风险。这对制定公司未来的发展战略有着至关重要的意义。

案 例 小灵通的兴起与衰落

1999 年,原中国电信总局一分为四,组建了经营固定电话业务的中国电信集团公司、经营移动业务的中国移动通信公司、经营无线寻呼的国信寻呼公司和一家经营卫星通信的公司。随后,国信寻呼公司并入中国联通,中国电信业形成六家主要运营商。

分拆后的中国电信剩下了长途电话、市话、IP数据通信业务。尽管这些业务仍处于快速发展之中,但由于不能经营用户基数大、增长速度快、话费高昂的移动通信业务,中国电信的盈利空间较移动运营商狭窄。

重组后的中国电信迫切需要一个新的利润增长点。虽然中国电信通信网上有一亿多市话装机容量,并具备数字化处理能力,但其交换设备实际利用率长期徘徊在60%左右。利润丰厚的长途业务又受到IP电话的冲击;数据通信业务尽管增长迅速,一两年内却难成气候。移动电话市场利润前景广阔,但中国电信不具有移动通信运营牌照。

UT斯达康的小灵通为中国电信提供了新的增长点。小灵通可以利用固定电话网络,提供与移动电话类似功能的服务。尽管信息产业部明确不鼓励小灵通,中国电信下属地方子公司却纷纷挖潜固网、选择小灵通。理由是:

小灵通资费低,用户容易接受。花费约为手机的1/3至1/2。

可以利用中国电信原有的有线电话网络剩余容量。小灵通是分摊基础网络的固定成长支出,而不需要承担整个的建设成本。

可以通过小灵通涉足中国移动市场。

小灵通的低端定位迎合了中国人的消费能力。用户有可能选择低价、功能"不全"但应用至上的设备,这就是小灵通的生存空间。

作为小灵通主要的电信设备生产商,UT斯达康公司在中国的业务也开始快速增长。2002年,公司77.8%以上的净销售收入来自中国。由于小灵通的通话质量比不上手机,随着手机资费的下调,小灵通的用户开始流失。到2008年底为止,小灵通用户仅剩6893.1万人次,从历史最高峰时期的近一亿用户缩减了1/3。2009年,工信部下发文件,发放3G牌照,同时要求在三年内完成小灵通的清网工作,意味着小灵通要彻底离开电信市场(图6-11)。

单位:亿美元

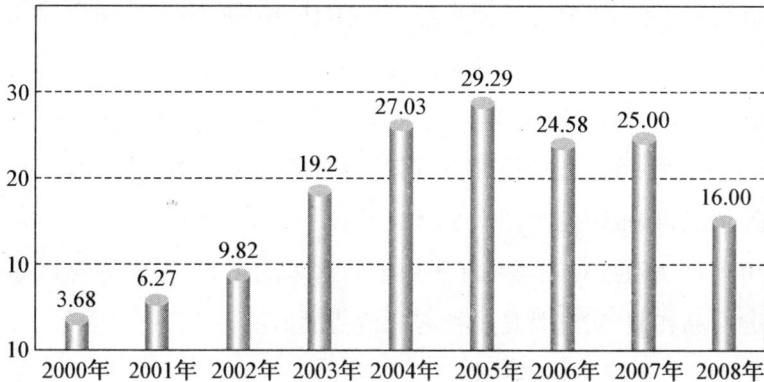

图 6-11　UT 斯达康销售额变化

　　UT 斯达康的小灵通借助固化网络,率先实现单向收费,使中国电信的劣势变为优势,在移动市场开辟了新领域,小灵通成为低端商务人士的首选。但终究由于手机资费的下降,3G 时代的来临,小灵通不再有优势可言,终将被市场淘汰。

四、创造优势战略的六大步骤

　　步骤一:客户价值分析。

　　客户价值是为目标客户提供能满足其需求并达到客户满意和忠诚的产品或服务,而且这个产品或服务是能够代表企业特点的。客户价值包括产品和服务对客户的经济价值、功能价值和心理价值。

　　分析了客户价值后,就要圈定哪些是需要重点服务的客户,哪些是需要放弃的,怎样增加客户价值。客户价值决定一个公司的目标市场,以及针对目标市场,公司如何让自己与竞争者不一样。

　　中国移动有三个品牌——全球通、动感地带、神州行,分别针对不同的目标客户需求提供不同的服务。全球通面向质量敏感型客户,他们对话费价格无所谓,对服务的要求高。中国移动在营销上设立全球通 VIP 服务,讲究专属理念。动感地带面向价格敏感型客户,他们时尚潮流,产品便宜就好,短信需求高,如推出的学生卡。神州行面向价值敏感型客户,他们讲究性价比和实用性,对话费价格的性价比关注度高,具有临时使用等特点,如推出的家园卡、亲情卡等。

中国移动通过对三类目标用户不同需求的划分,提供契合目标客户需求的产品和服务,这就是重视客户价值的做法。

步骤二:选择目标客户。

目标客户是指企业的产品或者服务的针对对象,是企业产品的直接购买者或使用者。选择目标客户要解决的根本问题是企业准备向哪些市场区域传递价值,客户的需求正是企业营销努力的起点和核心。企业应当细分市场,明确客户之间的差别。不要试图向所有的客户提供所需要的所有价值,应根据自身特点有所侧重,选择合适的客户。

联通 3G 的主要目标用户就是数据用户,公司希望利用成熟的 WCDMA 终端和建网技术抢占高端用户市场,而语音通话并不是联通 3G 主要的发展方向。因此,中国联通 3G 套餐中数据业务占主要比重 70%,语音通话价值占比较低,只有 30%,有利于商务人士和时尚人士的消费需求。

步骤三:提供解决方案。

调查客户需求,通过各种途径与客户沟通,了解他们具体的采购要求,以形成有竞争力的解决方案,获得客户的信赖。

从 20 世纪 60 年代到 80 年代,IBM 一直主宰着计算机行业。公司既没有提供最低价格,也没有及时推出新产品,IBM 的产品也不具备最先进的技术。但是 IBM 为客户提供了最好的信息技术服务,以及个性化的全面解决方案,方案涉及硬件、软件、安装、野外服务、培训、教育和咨询等,从而获得了竞争优势。

步骤四：建立区隔。

知己知彼是在市场竞争中取胜的前提。应分析自己和竞争者的优势和劣势，确立企业解决方案的独特卖点，围绕独特卖点配备好人财物，建立竞争区隔。

化妆品市场上各国产品群雄逐鹿。虽然国际知名品牌通过不同品牌产品细化了目标人群，但都不愿意"降低身份"，更愿把自己的品牌塑造成年轻白领或者是时尚青年们的理想品牌。

大宝则利用了这些大品牌不愿"低就"的心态，以工薪阶层为目标人群的独有品牌概念来塑造自己，建立区隔，使自己在品牌利益上比其他的国产品牌有更大的塑造空间和市场机会。

步骤五：传播卖点。

所谓卖点，就是指一个消费理由，它是企业为展示自己产品的特点、优点而提炼的语言和演示。企业在确定好独特卖点之后，需要整合公司的资源，将卖点准确地传播出去，传播给目标客户及潜在的目标客户，建立印象，强化成品牌认知。

乐百氏纯净水的"27 层进化"、海飞丝的"去头屑"、科龙空调的"宁静无噪音"等，这些品牌都在传播卖点。而且他们都在积极地创造一种常识，使客户想到这样产品时马上和他们的卖点联系起来，形成了一种认知和常识。

步骤六：做到最好。

自我调整，聚焦以最好的产品或服务满足客户需求。调整方面包括企业的质量管理、产品研发、产品包装、服务、生产能力以及管理能力等。

图 6-12 所示为以上创造优势战略的六大步骤。

20 世纪 90 年代，海尔的发展受到了落后的内部组织流程的限制。传统的业务孤岛使得跨部门合作无法实现，重复的组织活动导致运营成本居高不下。后来，海尔为了实现流程优化，对组织机构进行了调整。把一些类似的企业活动变成共享的服务中心，将原来隶属于每个事业部的财务、采购、销售业务全部分离出来，整合成独立经营的商流推进部、物流推进部、资金流推进部，实行全集团范围内统一管理；将人力资源开发、技术质量管理、信息管理、设备管理等职能管理部门从各事业本部分离出来，成立独立经营的服务公司。

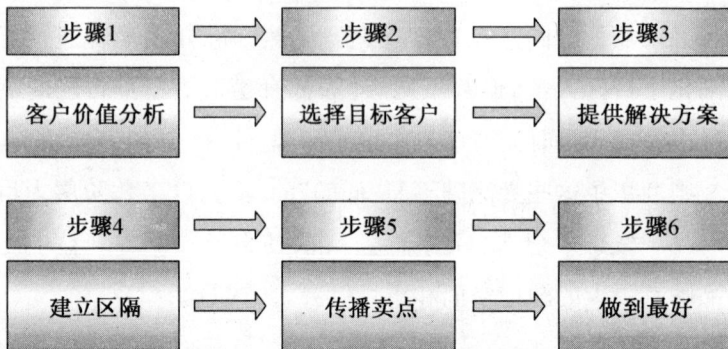

步骤1	步骤2	步骤3
客户价值分析	选择目标客户	提供解决方案

步骤4	步骤5	步骤6
建立区隔	传播卖点	做到最好

图 6-12　创造优势战略的六大步骤

在外部，海尔利用外部合作伙伴开发了客户服务系统，从方案设计、实施、培训到整个网络系统的维护都交给外部合作伙伴完成，以提高服务质量及响应速度。

案　例｜飞利浦:"让我们做得更好"

"我们在所涉及的很多市场中都稳居第一，因此人们一定很想知道我们为什么进行改革。我们的回答是，我们当然要这样做，因为这可以把我们带入一个更好的天地。如果我们没有这么做，我们的竞争对手也一定会如此的。"

——飞利浦集团执行副总裁 John Whybrow

飞利浦是世界上最大的电子公司之一，在《财富》杂志全球电子企业排名中名列第十位，业务涉及 60 多个领域——从消费电子到家庭小电器，从安全系统到半导体。

飞利浦早在 1920 年就进入了中国市场。从 1985 年设立第一家合资企业起,飞利浦将医疗保健、时尚生活与核心技术(HLT)三大领域中领先的产品和服务带到了中国市场。长期以来,飞利浦为中国的消费者和商业伙伴提供了高品质的解决方案和产品,因此在中国拥有很好的品牌形象。

在医疗保健、时尚生活、核心技术三大领域中,飞利浦的照明、家庭小电器、液晶显示器、医疗系统等业务在中国市场处于领先地位,并在照明、消费电子及医疗系统等领域建立了 11 个研究和技术开发中心。1995 年起,飞利浦在全球以"让我们做得更好"的理念和行动,表达出把每件事都做得更好的承诺,以期使飞利浦成为顾客心目中的第一选择。

在顾客导向为特征的经济时代,将创新概念与技术融为一体,是企业改写并创立游戏规则的利器。投入巨资从事专利研发,则是国际超一流企业竞争的战略制高点。作为世界顶级企业,飞利浦每年投入高达 9% 的营业收入到研发中,目前持有约 10 万项专利权,每年还将新获得 3000 项新专利。高比例的技术研发投入和卓越的创新思维,为飞利浦带来了领先优势。

以"让我们做得更好"在中国家喻户晓的飞利浦,一向以技术见长,强大的生产实力更不容忽视,这正是飞利浦能长期居于消费电子领域一流企业行列的根本原因之一。

飞利浦的核心优势主要体现在:

- 员工
- 品牌基石
- 飞利浦的价值观
- 领先的技术力量
- 集团财务实力
- 服务共享模式

飞利浦的价值观:

- 客户至上
- 言出必行
- 人尽其才
- 团结协作

五、如何建立你的优势组织

优势企业离不开优势的组织,优势的组织离不开优势的人才。没有优势组织的企业即使选择了正确的战略方向、选择了正确的竞争策略,也会因为执行力低下而失败(图6-13)。

图 6-13　优势人才、组织和企业间的关系

清朝的北洋水师是当时远东地区实力和规模最大的海军舰队,拥有最大的铁甲舰、最多的舰船、最多的士兵和最好的军港。然而,北洋水师却在甲午之战中惨败于日本海军。这与北洋水师组织松散、管理者无能、人不尽其用、上下不齐心有重要关系——丁汝昌并不熟悉海战,却被任命为水师提督(舰队司令)。

美国管理大师白金汉在畅销书《现在,发现你的优势》中说,现在的组织,只发挥了20%的潜能——只有20%的人在合适的位置上,能够发挥他们的优势,发挥他们的才干。之所以这样,是因为企业中存在错误的观念。

第一个错误的观念是弥补弱点比发挥优势更重要。

许多企业都推崇"短板理论":一个木桶由许多块木板组成,如果组成木桶的这些木板长短不一,那么这个木桶的最大容量不取决于长的木板,而是取决于最短的那块木板。事实是,一个人的缺点往往很难被克服,中国有句话叫江山易改、本性难移,说的就是这个道理。正确的做法应该是控制弱点,发挥优势,让员工优势互补而不是把每个人都磨平。

第二个错误的观念是将升职作为主要的奖励手段。

每个人都具备自己的优势,而每个职位它需要的是具有特定优势的人。如果一位员工他在本职职位上做得好,企业为了奖励他,把他升到更高的职位。而更高的职位所需要的优势他并不具备,在这个更高的职位上他无法发挥自己的优势,就会影响到部门业绩和个人业绩。

优势组织的做法是:选对人、放对位置、给对激励。

第一,选对人。在招聘员工的时候,就去关注应聘者所具备的优势与企业职位所需要具备的优势是否匹配。在招聘时就把这一关把好,而非在招聘进去之后再去培训。使他具备企业所需要的优势,这一点很难做到的。

第二,放对位置。把员工放到最能发挥他优势的位置上去,建立互补型的团队,提高员工的适岗率。每一个人的劣势都由他人的优势来弥补,而不是把劣势改造为优势,这样就可以发挥出 1+1>2 的组合效应。

第三,给对激励。明确员工的优势主题,提供多种激励方式而不仅仅是"提拔"这一最古老的方式。一个企业,越高层的职位,员工和职位的优势不匹配,对企业的损害越大,不顾优势匹配的简单提拔是不负责任的。薪酬激励、声望奖励、尊敬尊重都可以用来奖励员工的突出贡献。

案　例┃白金汉的核心观点

大多数组织都像在黑屋子里拼接起来的拼图。每一块都被硬塞进现在的位置上,然后把边角磨平,使它们感到自己定位正确。但是,如果拉开窗帘,让屋子里有一点光亮,我们就会发现真相——10 块中有 8 块放错了位置。

如果组织不断把员工提拔到与他们的优势不相符的职位上,就无法把他们的优势转化为业绩。

那么如何建立优势组织？具体来说，需要建立基于优势的选拔体系，建立基于优势的绩效管理体系，建立基于优势的事业发展体系。

先来看选拔体系。

精明的老总期望得到回答的一些问题：

> 我们的招聘工作到底效果如何？我们到哪里去找最有才干的候选人——大学、对手公司、军队、本地报纸、互联网？我们怎么知道哪招灵？

> 什么样的人像流星，出道时业绩极佳，而后却黯然失色并离开公司？我们怎么知道？

> 我们每提拔一个人，是不是相应地提高了经理人员的才干水准？我们怎么知道？

> 什么样的人具备成为未来领导人的才干？我们手中有多少这样的人？我们是否可以多雇这样的人？我们怎么知道？

> 我们是不是把培训预算用在最有才干的员工身上？我们怎么知道？

> 什么样的人获得经理的好评，却受到客户的抱怨？我们怎么知道？

再来看绩效管理体系。

评价才干的三个关键的业绩领域是：当事人对经营业绩的影响，当事人对内外客户的影响，当事人对周围员工的影响。

为了激励员工各种近乎完美的工作表现，应当设立多种不同的名望：第一，组织必须建立更多的阶梯；第二，激励员工去攀爬阶梯。

最后是事业发展体系。

优势组织用他们的员工来下象棋。他们知道，每个棋子的走法都互不相同。他们如果分不清每个棋子，就可能把车当成马，把马当成车，继而导致车马双方受挫，最后输掉棋赛。所以，他们从一开始就可以了解每个棋子的使用高招，其中一些高招源自该棋子的技能、知识和经验，但更多的高招则源自某种才干或才干组合。

刘邦在分析自己得到天下的原因时说："在大帐内出谋划策，在千里以外一决胜负，我不如张良；平定国家，安抚百姓，供给军饷，不断绝运粮食的道路，我不如萧何；联合众多的士兵，打仗一定胜利，攻占一定取得，我不如韩信。这三个人都是豪杰,我能够利用他们,这是我取得天下的原因。"

刘邦就是把张良、萧何、韩信放在合适的位置上,既发挥了他们各自的才能,又实现了他自己的统一大业。

一流组织不仅要接受员工们各个不同的现实,而且必须充分利用这些不同。它必须寻找每个员工天生才干的蛛丝马迹,然后对每个员工进行定位和培养,继而将其才干转化为实实在在的优势。把组织的全部事业建立在每个员工的优势之上。

组织是否能使员工每天都有机会做自己最擅长做的事?

那些回答肯定的员工人数有所增加的部门也相应地提高了生产率、顾客满意度和员工保留率。

而大部分组织不善于挖掘员工优势的情况到了令人吃惊的程度。

所以,组织应该充分挖掘员工优势。当招聘到新员工时,其直接主管务必和新员工开展一次优势讨论。讨论形式可视经理的风格有所不同,但必需涵盖以下内容:

员工最强的(优势)主题是什么?

它们与绩效有什么关系? 会产生什么样的风格?

为将其才干变为真正的优势,员工需要学习什么技能或获得什么经验?

员工希望接受什么样的管理(他得到过的最高赞扬是什么? 他愿意主动对经理讲心里话,还是需要经理问他? 他非常自立,还是希望定期与经理碰头? 如此等等。如果你的公司采用"优势识别器测试",那么对有关经理行动的内容会有帮助)。

为了引导员工创造佳绩,员工与其直接主管应定期举行会面。在每次会面时关注三个问题:

该员工未来三个月中将关注什么问题?

他打算获得什么新发现(或学习什么新东西)?

他希望寻找什么样的新合作伙伴(或建立什么关系)?

总之,组织在安排员工职位时,应遵循世界顶级经理的两大观念:每个人的才干都经久不变,与众不同;每个人最大的成长空间在于其最强的优势领域。

第七章

做到最好（聚焦）

激烈的市场竞争中，只有出头鸟才有足够的生存空间。第一第二的吃肉，第三第四的喝汤，第五第六的啃骨头渣子。因此，要么不做，要做就做到最好。如果无法在所有的方面做到最好，就需要专注自己有优势的领域，做到最好。这就是卡位的聚焦原理。

一、做到最好的标准是什么？

做到最好的标准是什么？汤姆逊的回答是："我能做到而别人做不到。"通用电气的回答是："第一或第二。"乔·吉拉德的回答是："追求完美，不要自我设限。"

| 案　例 | 汤姆逊：我能做到而别人做不到 |

汤姆逊集团是全球第四大消费类电子生产商。1988 年，汤姆逊并购了

GE 的消费电子部门,并把医疗器械业务置换给 GE,从此成为一个专业的视讯产品厂商。汤姆逊在三个领域,扮演着世界第一的角色:为媒体和内容商提供产品和服务的供货商、数码译码器供货商和家用电话供货商。

汤姆逊占有整个欧洲解码设备 $60\%\sim70\%$ 的市场份额,并垄断了好莱坞几乎所有主要的内容传输与后期制作设备及服务。汤姆逊生产的数字电视机顶盒市场份额居全球第一,中国许多电视台的传输与接入设备也来自汤姆逊。在欧美的 DVD 碟片软件市场,汤姆逊下属的碟片公司更有市场份额高达 85% 的垄断性占有率。同时,汤姆逊还是重要的网络背投技术及设备提供商。

汤姆逊研发产品有一个很重要的理念,就是"抓住顾客的感觉"。汤姆逊坚信,消费者今天要的东西并不代表他们明天还要,汤姆逊只做"我能做到而别人做不到"的产品。汤姆逊集团的三个优势是:

第一,领先的视频技术。汤姆逊集团在这方面的技术领先是十分明显的,优势也是十分明显的。

第二,市场优势和紧密的客户关系。世界上几乎所有大型网络运营商、渠道运营商或者媒体、娱乐行业的巨头都跟汤姆逊有着紧密的合作。汤姆逊通过这种紧密的联系,根据他们特殊的要求,为他们提供定制的服务或者产品,从而能够达到他们高标准图像质量和服务质量的要求。

第三,业务聚焦——视频,还是视频。汤姆逊集团的业务重点除了视频还是视频,因此,相比其他的竞争对手,汤姆逊集团在视频技术方面从广度和深度来讲都有着更多、更丰富的经验。竞争对手还要做很多其他的事情,广泛的业务范围使得他们对视频研究不够深入,所以这就是汤姆逊的优势之一。

案 例 | 通用电气:第一或第二

聚焦于视频业务的汤姆逊集团对做到最好的回答是:"我能做到而别人做不到。"作为多元化成功的标杆的美国通用电气公司对此给出了什么回答呢?

"我想我们要把所做的每一个业务做得最好。在多样化的前提下,每一个我们在做的业务,都要比其他任何人做得好。就是在你做的业务中,做得最好,我想这是你要做的最重要的事情。第一位的人打个喷嚏,第五位的人就得肺炎了,而且那些体弱的人都要感冒和得病,所以第一位的位置非常强大,你一定要做到最好。如果没有做到的话,要找到合适的方式成为第一,这个是你努力的目标,要你来控制。"通用电气前 CEO 杰克·韦尔奇如是说。

美国通用电气公司是世界上最大的电器和电子设备制造公司,它的产值占美国电工行业全部产值的 1/4。通用电气由多个多元化的基本业务集团组成,如果单独排名,有 13 个业务集团可名列《财富》杂志 500 强。"数一数二"战略是通用电气的指导原则:要么数一数二,要么面临整顿、出售或者关闭。

通用认为,在竞争行列里位置居中的产品销售商和服务商将没有生存的余地,必须在每一种所参与的行业里争做第一名或第二名,才能在这种增长缓慢的环境中获胜。他们必须是在机构方面最精悍,开支方面最节省,优质产品或优质服务方面在世界上名列第一或第二;他们必须有技术上的优势,必须在市场中占据有利地位。

在周期性业务中,受到影响而急转直下的企业,正是处于第三、四位及以后的企业。处在第一、二位的企业不会损失市场份额,因为它们处于领先地位,可以主动利用价格策略。由于具有这样的地位,它们便有能力开发新产品。

洞察到那些真正有前途的行业并加入其中,同时坚持在自己所进入的每一个行业中都做到数一数二的位置,无论是在精干、高效,还是成本控制、全球化经营等方面都数一数二。要做到一个最好的地位,而不是在一个竞争非常激烈的环境里做一个中等的企业。

在"数一数二"原则下,著名 CEO 杰克·韦尔奇对公司业务进行大规模的调整重组,通过重组或收购增强核心业务、高科技业务和服务型业务,剥离其他业务。剥离的业务主要是:

    无法掌握自己命运的业务。例如,通用电气公司中央空调业务。

与公司整体经营理念不一致的企业或业务。公司理念是希望每一位员工都能够感觉到自己的贡献，而且这种贡献要看得见、摸得着、数得清。通用电气旗下的犹他国际公司，虽然赢利能力很强，但由于行业的赢利状况起伏不定，也被剥离了。

门槛很低、竞争激烈、赢利能力低下的业务。例如，传统家电业务。

回报率不高的业务。例如，半导体业务。

其中，最典型的例子是对美国无线电公司的收购和重组。

1985 年，通用电气以 63 亿元现金收购了美国无线电公司(RCA)及其子公司全国广播公司。通过收购 RCA，通用电气拥有了一个巨大的电视网、一个国际化的医疗设备企业和一个占据重要地位的全球卫星公司。

收购之后，通用电气又将合并后的电视机制造业务与法国汤姆逊集团的医疗造影设备公司交换。汤姆逊集团的医疗造影设备公司在行业内排名前三之外，而通用电气在美国医疗设备行业位居前列，却迟迟难以进入欧洲市场。

交换之后，通用电气在欧洲的市场份额增长了三倍，提高到了 15％；汤姆逊集团也一举成为世界第一大电视机制造企业。事后，韦尔奇说："那时候我们把这个业务卖给汤姆逊，这是我们建立战略协作的方式。我们有自己的业务战略，就是成为世界第一第二的战略。在电视方面，那时候我们是第三第四，汤姆逊差不多是第二位，而在医疗设备方面他们是第六，所以我们进行了交换。"

案 例 | 乔·吉拉德：追求完美，不自我设限

前面的汤姆逊集团和通用电气公司分别代表了专业化企业和多元化企业对做到最好的回答。下面，看看世界第一推销员乔·吉拉德的回答。

乔·吉拉德被称为"世界上最伟大的推销员"，他连续 12 年被《吉尼斯世界纪录大全》评为世界第一推销员。他平均每天销售 6 辆车，最多 1 天销售了 18 辆车，一个月最多销售了 174 辆车，一年最多销售了 1425 辆车。他在 15 年的销售生涯中，共销售了 13001 辆车，全部是一对一销售给个人的。

然而他年轻时有严重口吃，没有人脉。他是如何克服困难做到最好的呢？他的经验可供企业借鉴。

250 定律：不得罪一个顾客

在每位顾客的背后，都站着 250 个人，他的同事、邻居、亲戚和朋友。在任何情况下，都不要得罪哪怕是一个顾客。时刻控制着自己的情绪，不因顾客的刁难，或是不喜欢对方，或是自己心绪不佳等原因而怠慢顾客。"你只要赶走一个顾客，就等于赶走了潜在的 250 名顾客。"

名片满天飞：向每一个人推销

到处递送名片，甚至抛售名片。要点在于，有人就有顾客，如果你让他们知道你在哪里，你卖的是什么，你就有可能得到更多的生意机会。

建立顾客档案：更多地了解顾客

不论推销的是何种东西，最有效的办法就是让顾客真心相信你喜欢他、关心他。如果想要把东西卖给某人，就应该尽自己的力量去搜集有关的情报。不论推销的是什么东西，如果每天肯花一点时间来了解自己的顾客，做好准备，铺平道路，那么，就不愁没有自己的顾客。

在建立顾客卡片档案时，要记下有关顾客和潜在顾客的所有资料。他们的孩子、嗜好、学历、职务、成就、旅行过的地方、年龄、文化背景及其他任何与他们有关的事情，这些都是有用的推销情报。所有这些资料都可以帮助接近顾客，帮助有效地跟顾客讨论问题，谈论他们自己感兴趣的话题。有了这些材料，就会知道他们喜欢什么，不喜欢什么，可以让他们高谈阔论、兴高采烈、手舞足蹈……只要有办法使顾客心情舒畅，他们就不会让你太失望。

猎犬计划：让顾客帮助你寻找顾客

乔·吉拉德有一句名言：买过我汽车的顾客都会帮我推销。在生意成交之后，乔总是把一叠名片和猎犬计划的说明书交给顾客。说明书告诉顾客，如果他介绍别人来买车，成交之后，每辆车他会得到 25 美元的酬劳。关键是守信用——一定要付给顾客 25 美元。宁可错付 50 个人，也不要漏掉一个该付的人。

推销产品的味道：让产品吸引顾客

人们都喜欢自己来尝试、接触、操作，人们都有好奇心。不论你销售的是什么,都要想方设法展示你的商品,要让顾客亲身参与,吸引住他们的感官,掌握住他们的感情。不要"请勿触摸",而要鼓励顾客"摸一摸"、"闻一闻"、"试一试"。

诚实:推销的最佳策略

要善于把握诚实与奉承的关系。尽管顾客知道你所说的不尽是真话,但他们还是喜欢听人的赞美。少许几句赞美,可以使气氛变得更愉快,没有敌意,推销也就更容易成交。

每月一卡:真正的销售始于售后

推销活动真正的开始在成交之后,而不是之前。成交既是本次活动的结束,又是下次活动的开始。在成交之后继续关心顾客,将会既赢得老顾客,又能吸引新顾客,使生意越做越大,客户越来越多。

乔·吉拉德每月要给一万多名顾客寄去一张贺卡。一月份祝贺新年,二月份纪念华盛顿诞辰日,三月份祝贺圣帕特里克日……凡是在乔那里买了汽车的人,都收到了乔的贺卡,也就记住了乔。

正是这种许许多多的细小行为,为乔·吉拉德创造了空前的效益,使他的营销取得了辉煌的成就。如果我们的企业也能像乔·吉拉德那样专注地把一件事做到近乎完美,相信离成功也就不远了。

二、聚焦原理:找准焦点

人们常常以"水滴石穿"来形容有志者事竟成的坚定毅力,但是却往往忽略了聚焦。所谓的"水滴石穿",是水滴的滴落点在同一处,这是一种专注,更是一种聚焦。假如水滴的滴落点不在同一处,即便是源源不断、长年累月,也无法滴穿大石头。这就是聚焦的力量。

激光可以用来切割钢铁。激光切割的原理是将激光束聚焦成直径为头发丝大小的小点,蒸发焦点处的材料,形成切缝。就能量强度对比,激光是无法和太阳光相比的。之所以太阳光无法切割钢铁而激光能够切割钢铁,道理只有一个,那就是太阳光是发散的,而激光是聚焦的,这就是聚焦与否的区别(表7-1)。

表 7-1 聚焦与否的区别

	太阳光	激光
能量大小	强	弱
效应	弱	强
区别	没有聚焦	聚焦

好的企业一定要聚焦,获得核心优势。事事通不如一事专。企业可以将有限的资源聚焦于某一个局部,这样反而能够产生强大的能量,给企业带来意想不到的效果。只有找准焦点,才能把力量充分的发挥出来。焦点,也就是突破点。对企业来说,需要不断地寻找、更新企业发展的突破点。

向深处,不要向宽处发展

钉子、锥子、钻头,这些突破阻力的工具都是尖的,而所有用来增加阻力的工具都是宽的,比如降落伞。这是生活中的常识。

运营企业也是一个道理。

向宽处发展只会增加竞争对手。进入一个领域,就增加了几个甚至几十个竞争对手。再进入第二个领域,又增加了几个甚至几十个竞争对手。进入的领域越多,竞争对手就越多。到最后,被竞争对手团团包围,根本数不清有多少竞争对手。而向深处发展得到的是领先,得到的是合作,是合作伙伴。做得越好,就越和别人互补,别人就越愿意与你合作。合作而不是竞争,得道者多助,失道者寡助,这个"道"就是聚焦(图7-1)。

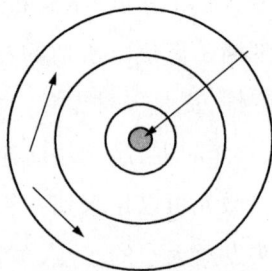

图 7-1 向深处发展

向深处发展还能引起"连锁反应"和"杠杆效应"。当在一个领域发展到深处，拥有一种特殊的核心能力之后，可以以这种核心能力为杠杆，撬动更大的市场。

腾讯多年耕耘即时通讯领域，其产品 QQ 是中国用户最多的即时通讯工具。凭借 QQ 的巨大用户量，腾讯迅速在游戏、门户、社区、移动增值等领域发展壮大，这就是聚焦的"杠杆效应"。

案　例　王老吉的转型：你无法让星星聚焦，却可以让企业聚焦

2003 年之前，加多宝集团的王老吉只是一个年销售额稳定在亿元上下的区域品牌，在广东、浙南地区销售不错。当时定位是凉茶还是饮料，生产企业不清楚，消费者也不清楚。

王老吉当年的广告"健康家庭，永远相伴"也说不清王老吉的特点。但后来调查发现，喝王老吉的消费者纷纷推崇一点，就是喝王老吉不上火。

于是，王老吉改变定位，重新定位为不上火的饮料。几千年中医"上火"的概念在全国各地深入人心，新的定位使王老吉突破了凉茶概念，只要做好宣传概念的转移，只要有中国人的地方，就可以有王老吉。

确定新定位之后就是聚焦定位。

王老吉选择了一个特殊的销售渠道——餐饮，主要选择湘菜馆和川菜馆、火锅店作为"王老吉诚意合作店"，投入资金与他们共同进行促销活动，凡是就餐的地方都要摆上王老吉。

王老吉为餐饮渠道设计布置了大量的终端物料，如设计制作了电子显示屏、灯笼等餐饮场所乐于接受的实用物品，免费赠送。事实证明，餐饮这条渠道非常有效，"怕上火，喝王老吉"迅速被餐饮消费人群所接受。随后，"王老吉"实现了从单一渠道到渠道混合的逐步渗透，并迅速铺向了整个市场。

在铺天盖地的广告中，王老吉一遍又一遍地重复着"怕上火，喝王老吉"。准确的表达，足量的投放，迅速在全国上下卷起一股喝王老吉的风潮。2003 年，王老吉的销售额从 2002 年的 1 亿多元猛增至 6 亿元。2004 年，全

年销售额突破 10 亿元。2008 年,全年销售额突破 100 亿元。

15 把长期聚焦的钥匙

焦点总是简单的。简单,容易理解,企业上下才能够认同。复杂,就不能聚焦。复杂的事情,要么难以理解,要么各人的理解不同,东西南北中,哪个方向都有,力使不到一块去。

焦点总是容易记忆的。容易记忆,才能够进入顾客的头脑中,从外到内对公司形成一个拉力,拉动公司的市场份额。

焦点总是强有力的。焦点是锥子而不是棉花糖。锥子,力用在一处,集中力量,破除阻碍,得到突破。用再大的力,也不能把棉花糖挤进木头中去。

焦点总是革命性的。革命性的力量是最强的力量,这种力量能够把市场撕开一个口子,或者从无到有创造出一个市场出来。

焦点需要有一个敌人。要成功,你需要朋友;要非常成功,你需要敌人;要真正成功,你需要战胜自己。当有竞争对手时,这个敌人就是竞争对手。当没有竞争对手时,这个敌人,就是自己。敌人是一种有形的目标,通过这个目标,鞭策自己,不断迫使自己进步,迫使超越自己。

焦点意味着未来。焦点是一支箭,箭尾是现在,箭首是未来。立足当下,面向未来,突破樊篱,获得发展。

焦点既对内也对外。对内,它增强企业的核心优势,建立与巩固企业的核心竞争力。对外,它增强顾客的认知。

焦点不是产品。焦点是使企业的资源集中的那个“力”。定位是找到目标,焦点就是集中力量发力,去击向目标;焦点不是雨伞,而是锋利的刀刃;焦点不让所有人满意,它只让目标客户满意。焦点不是完美主义,它是边际主义,是用最少的代价来达到战略性目标,是迅速地上楼,而不是缓慢地爬坡。

焦点能找到更好的焦点。焦点是一座山,没有爬上去之前,你看不见山后面是什么。当你爬上山以后，你就能够看见另外一座更高的山。

聚焦并不能让你马上成功。焦点能够帮助你突破，却不一定能够帮助你成功。突破，并不意味着成功，你还必须有配套的措施、配套的力量通过突破口，占领更多的区域。聚焦还不是战略，而是战略的一步。聚焦，是出奇，然而，它只是战略的第一步，是打开局面的一步，并不是整个战略。表7-2所示为15把长期聚焦的钥匙。

表7-2　15把长期聚焦的钥匙

焦点是什么	焦点不是什么
焦点总是简单的	焦点不是产品
焦点总是容易记忆的	焦点不是雨伞
焦点总是强有力的	焦点不让所有人满意
焦点总是革命性的	焦点能找到更好的焦点
焦点需要有一个敌人	焦点并不能马上成功
焦点意味着未来	焦点还不是战略，而是战略的一步
焦点既对内也对外	没有一个焦点是永恒的
一个国家/区域一个焦点	

1994年，秦池酒厂用6666万元竞标获得了中央电视台黄金时段广告，成为标王。1996年，再次以3.2亿元竞标获得标王。两次中标使秦池酒的销量飞速上升。然而，由于秦池酒厂每年的原酒生产能力只有3000吨左右，不能满足供货，于是他们从四川收购散酒，加上本厂原酒，勾兑对外销售。这一行为被媒体曝光之后，秦池酒的销量迅速下滑，秦池酒厂也从此一蹶不振。这就是聚焦突破之后其他资源没有跟上导致的失败。

焦点不是永恒的

没有一个焦点是永恒的。焦点是阶段性的，是会变化转移的。一个阶段有一个焦点。

在创业期，企业的焦点集中于创新，只有创新价值才能打破市场的现有格局。在发展期，销售经常成为瓶颈。到了市场格局成型时期，有了足够的资源之后,纵横捭阖,战略能力变得重要。步入成熟期后,企业的价值网络全面得到优化,于是管理能力成为制胜要素(图7-2)。

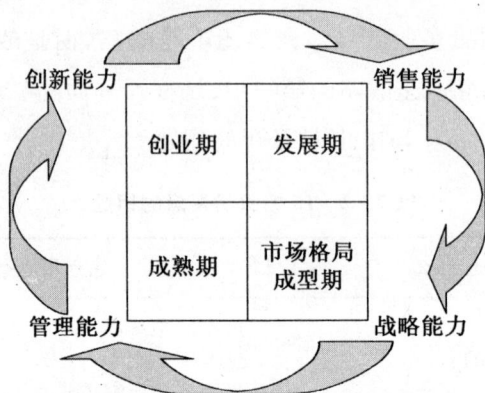

图7-2　焦点的转换

三、形象策略：完美的外包装

63％的消费者是根据商品的包装来选购商品的。

——杜邦定律

在娱乐行业,是一分能力,九分包装;在快速消费品行业,是三分能力,七分包装;在工业行业,是七分能力,三分包装。完美的外包装能够促进产品的销售。于是营销人员称包装是与传统营销概念4个p——价格(price)、产品(product)、地点(place)和促销(promotion)并列的第5个p——包装(packaging)。

美国最大的化学工业公司杜邦公司的一项调查表明,63％的消费者是根据商品的包装来选购商品的,这就是著名的杜邦定律。一个英国市场调查公司的报告说,去超市购物的妇女,由于受精美包装的吸引,所购物品通常超出计划购物数的 45％。

　　针对中国市场的调查表明,进入商店买东西的顾客,有 50％～60％的人会受包装吸引,改变初衷,计划买 A 品牌,结果买了 B 品牌。由此可见包装的重要性。最近几年来,韩国的商品很受追捧,成为"韩流"。而韩国商品大多包装精美能吸引人,这一点可为国内企业借鉴。

包装定位

　　包装是营销的载体,是以一种实物化的形式体现的企业营销。企业的目标市场、价格定位、分销策略都在包装上有所体现。如果目标消费者收入较低,包装宜朴实,不能过分华丽。如果产品定位是高品质,包装也必须是高品质、高质量的。常用包装定位有五种:方便、实用、新奇、精美和有趣。应根据产品定位来采用不同的包装定位(图 7-3)。

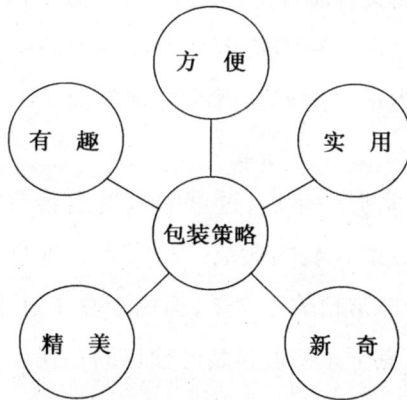

图 7-3　五种包装定位

方　便

　　为购物者提供方便,方便携带、存放、开启和重新密封。比如,采用透明或者开窗式包装食品方便挑选,采用组合式礼品盒方便使用,采用软包装饮料方便携带。再如国外流行的"无障碍"包装,如在罐装食品中设置"盖中部凹陷状",是证明未过保质期的自动识别标志等。

实　用

讲求经济实惠、经久耐用、价廉物美、货真价实。适用于消费行为较为稳定、不易受外界因素影响的商品。此类包装要明确表示出商品的商标、成分、计量、价格、使用说明，使消费者一目了然。不宜过于华丽，若采用"形式大于内容"的过度包装，则可能难以赢得消费者的忠诚。

新　奇

年轻人喜欢追求新颖与时髦，他们富有朝气，易受外界因素影响，购物时注重商品的装潢、色彩、款式，而较少注意商品是否实用，价格是否合适，往往被新奇的包装吸引而冲动购物。例如，可口可乐的包装采用大红色调，红色能够引起人兴奋，吸引消费者注意力，使可口可乐畅销于世界各地。

精　美

精美的包装对购买者而言是美的享受，能激发消费者更高层次的需求。精美的包装可促使潜在消费者变为显在的消费者，成为长久型、习惯型消费者的驱动力量。世界名酒的包装都极具艺术性，十分考究，精美而优雅。

然而，精美应该掌握一个度，过度的包装则会喧宾夺主。古时候买椟还珠的例子就是过度包装的典范。楚国人的本意是想把珍珠卖个好价钱，于是做了一个非常精美的盒子，但由于盒子过于精致，以至于买的人只注意到包装，而完全无视被包装的珍珠的存在。

有　趣

针对儿童的商品包装需要讲究趣味性。儿童食品包装经常附有小卡片、小玩具，可以迷住大批的小顾客，引发他们的好奇心。卖给成人的商品采用有趣的包装也可以激发人的购买欲，为他们紧张的生活增添轻松和幽默。

美国一家生产饼干的公司在饼干罐盖上印上各种有趣的谜语，谜底在罐底，只有吃饼干才能找到，结果很受欢迎。

包装策略

除了讲究定位,包装还应该讲究策略。常用的包装策略有:

类似包装策略

企业对产品采用相同的图案、近似的色彩、相同的包装材料和相同的造型进行包装,便于顾客识别出本企业产品。对于忠实于本企业的顾客,类似包装无疑具有促销的作用,企业还可因此而节省包装的设计、制作费用。但类似包装策略只能适宜于质量相同的产品,对于品种差异大、质量水平悬殊的产品则不宜采用。

配套包装策略

按各国消费者的消费习惯,将数种有关联的产品配套包装在一起成套供应,便于消费者购买、使用和携带,同时还可扩大产品的销售。在配套产品中如加进某种新产品,可使消费者不知不觉地习惯使用新产品,有利于新产品的上市和普及。

再使用包装

再使用包装是指包装内的产品使用完后,包装物还有其他的用途。如各种形状的香水瓶可作装饰物,精美的食品盒也可被再利用等。这种包装策略可使消费者感到一物多用而引起其购买欲望,而且包装物的重复使用也起到了对产品的广告宣传作用。

但应谨慎使用该策略,避免因成本加大引起商品价格过高而影响产品的销售。

附赠包装策略

在商品包装物中附赠奖券或实物,或包装本身可以换取礼品以达到吸引顾客惠顾的效果,导致重复购买。我国出口的"芭蕾珍珠膏",每个包装盒附赠珍珠别针一枚,顾客拥有 10 盒就可以串成一条美丽的珍珠项链,这使珍珠膏在国际市场十分畅销。

改变包装策略

改变包装策略即改变和放弃原有的产品包装,改用新的包装。由于包装技术、包装材料的不断更新,消费者的偏好不断变化,采用新的包装以弥补原包装的不足。企业在改变包装的同时必须配合好宣传工作,以消除消费者以为产品质量下降或其他的误解。

案 例 | 金龙鱼的 1∶1∶1 战术的失败

包装需要以事实为依据,需要清晰地表达产品理念。表达不清则可能导致营销的失败。金龙 1∶1∶1 调和油便是一个包装失败的案例。

2004 年初,金龙鱼打出"1∶1∶1"的健康油概念,据金龙鱼对比例的解释,说是来自于世界卫生组织、世界粮农组织和中国营养学会等权威机构的研究结果,即当人体饮食中饱和脂肪酸、单不饱和脂肪酸和多不饱和脂肪酸达到 1∶1∶1 的比例时,能确保营养均衡。该广告引述中国粮油学会副会长李志伟的发言,称"单品类油脂对健康有不良影响",此举被认为是直接针对以"花生油压榨专家"自居的鲁花。

但是令金龙鱼万万没有想到的,鲁花竟然在最短的时间内予以反击。首先以粮油学会名义发文称:李志伟的发言,被别有用心的厂商所利用,并且,到目前为止,市场上还没有任何食用油的成分能达到 1∶1∶1 的均衡营养比例。

该文一出,立刻引起了媒体的轩然大波,最终,金龙鱼只好将广告词改称"0.27∶1∶1"。

金龙鱼在营销中由于缺乏战略上的规划和战术组合,谋求通过一句口号站稳市场的简单做法,注定了其失败的必然,成为那年最失败的营销案例之一。金龙鱼的 1∶1∶1 战术失败的原因,可以归结为包装策划的失败。广告过于简约,到底 1∶1∶1 是什么东西的比例,大众并不十分了解。而且概念跟实际比例的关系,也没讲清楚。老百姓记不住太专业的东西,又没有相应的说明,想省事却越搞越费事了,使大众产生了错觉感,质疑广告的真实性。如果金龙鱼像脑白金那样,一开始灌输一通专业知识,让大众信服也行。可是,他们并没有向消费者详细地讲解营养知识,令消费者对此概念没有足够的认同,只要有人提出异议,即有大量消费者流失。

四、换个方式给客户介绍

在企业经营中难免会遇到难题、遇到壁垒,使销售停滞不前。在这种情况下不能退缩,不能满足于现状,不能觉得"我们已经做得很好,无法做得更好了",不能自我设限。换一个方式去做,去向客户介绍,可以收到奇效。

有这样一个笑话:甲、乙两个教徒在祈祷时烟瘾来了,甲教徒问神父:"祈祷的时候可不可以抽烟?"神父回答说:"不可以!"乙教徒问神父:"抽烟的时候可不可以祈祷?"神父回答说:"当然可以!"祈祷时抽烟是对上帝的不敬,而连抽烟的时候也在祈祷,则很能够表达教徒的虔诚。同样一句话,用两种方式说出来,效果截然不同。

2003年,某地西瓜滞销,当地一瓜农用榨汁机在街上为过往行人榨制西瓜汁,结果他的几千公斤西瓜两天内便销售一空。

同样的道理,当遇到障碍时,换一个更有创意的方式去做,就可能顺利地突破瓶颈。

案 例 | 蒙牛:把客户当老师

2001年,刚进入深圳市场的蒙牛通过超市发放一页32开的传单广告。多数消费者拿到传单瞧一眼就扔掉了。为了不让消费者把传单扔掉,蒙牛想了一个办法,在传单的正面印了一个标题为"女人不美,男人要负一半责任"的小品文,写了男人要为女人不美负责的种种理由。传单被扔掉的一下子就少了,效果也好了很多。

后来蒙牛总策划孙先红回忆起这个故事时说:"消费者把宣传单都扔了,这个宣传单怎么能在消费者心中留下印象?所以我们写了这样一段话

'女人不美,男人要负一半责任',在后来做调查的时候,扔的很少,甚至有的女同志还拿回去给自己的老公看。但当初写这段话时我们写了半个月,我们把这段话写出来,找很多女同志看,看完了如果她们无动于衷我们继续写,直到她们看完的时候说:'这个我拿走可以吗?'就是简简单单一个宣传单,我们也希望在消费者心目当中产生震撼,产生影响力。"

看似简单的宣传单其实并不简单,换个方式所产生的效果完全不一样。蒙牛就是根据消费者的需求,多和消费者沟通,把客户当老师,进而创新,取得成功。

案 例 | 打一折的商店

打折甩卖是常有的事,但是"打一折"却不常见。而在日本东京,则有一家"打一折"的商店。

日本东京有个"打一折"销售的西装店。店里的打折销售,第一天打九折,第二天打八折,第三、四天打七折,第五、六天打六折,第七、八天打五折,第九、十天打四折,第十一、十二天打三折,第十三、十四天打二折,最后两天打一折。

"打一折"经过宣传,顾客抱着好奇的心态蜂拥而至。第一、二天的顾客并不多,只是看看就走了。从第三天起顾客开始一群一群地光临,到第五天打六折时客人就像洪水般涌来开始抢购,以后就连日客人爆满,等不到打一折时,商品就全部卖完了。

"打一折"只是一种心理战术而已,把客户吸引过来了,就不怕亏本了。

案 例 | 限量刺激

日产汽车公司推出一种称为"极具浪漫风采",名为"费加洛"的中古型轿车。日产公司在新闻发布会上宣布:这种车只生产2万辆,保证以后不再生产这一车型。将在一定时间内接受预订,然后抽签发售。

消息传出后,在全国引起轰动。前来申请的人超过 30 万,能中签买到车的人当然欣喜万分,没有中签买到车的人千方百计去搜寻二手车,令二手车的行情也比原价高出一倍多。这种限量刺激的创意,无非就是使市场上出现一定的"不饱和状态",利用消费者"物以稀为贵"的心理,来刺激购买欲。这是反向思维的创意。

案 例 | 脑白金的宣言

脑白金的广告"送礼就送脑白金","收礼还收脑白金"妇幼皆知,这一条平淡无奇甚至恶俗的广告却对脑白金的推广起到了至关重要的作用。

脑白金的使用者是中老年人。最初,对脑白金的宣传重点是宣传它的功能,"润肠通便,改善睡眠"。然而,中老年人的收入有限,过惯了节俭的日子,消费习惯往往保守,要他们自己花钱去买保健品,心里舍不得。而对儿女侄孙们孝敬的礼品,则乐意笑纳。年轻人具有一定的经济实力,再加上中国的传统美德提倡尊敬老人、孝敬父母,舍得为父母花钱。

因此,脑白金广告换了个方式宣传,把目标调整为儿孙辈,通过广告,促使儿孙辈为长辈买脑白金,而非直接说服老年人购买脑白金。事实证明这种方式非常有效,使得脑白金的销售经久 10 年而不衰(图 7-4)。

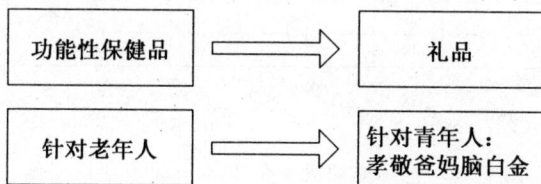

```
┌──────────────┐         ┌──────────────┐
│  功能性保健品  │ ═════▷ │     礼品      │
└──────────────┘         └──────────────┘

┌──────────────┐         ┌──────────────┐
│  针对老年人    │ ═════▷ │  针对青年人:   │
│              │         │ 孝敬爸妈脑白金 │
└──────────────┘         └──────────────┘
```

图 7-4　脑白金的变化

五、变换策略，唯一不变的是变化

唯一不变的是变化

唯一不变的是变化，在几千年之前的古代，智者就这样感慨。

孔夫子看着翻滚的黄河浪感叹道："逝者如斯夫，不舍昼夜。"《庄子·秋水》上说"物之生也，若骤若驰，无动而不变，无时而不移"。古希腊哲学家则说，"人不能两次踏进同一条河流"。在现代，变化之大、之快、之激烈，远超过古代。一年一小变，三年一中变，五年一大变。

图 7－5 所示的是国际原油价格在 2007 年 1 月至 2009 年 8 月的变

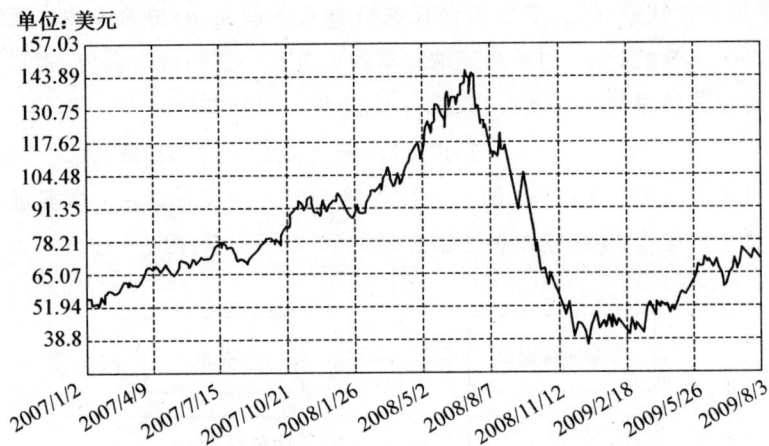

图 7－5　国际原油价格在 2007—2009 年的变化

化，最高点超过 140 美元一桶，最低点低于 40 美元一桶，可见变化之激烈。这是重要原材料的变化。

英特尔公司创始人戈登·摩尔总结了计算机芯片的发展规律：每隔 18 个月，计算机芯片的性能就会提高一倍。这是技术的变化。英特尔公司前董事会主席安迪·格鲁夫在《只有偏执狂才能生存》一书中,称这样的时代为"10倍速的时代"。

在10倍速的时代,在变化和危机面前,没有人会事先为你敲响警钟,提醒你已经站在变化和危机的边缘。10倍速的变化给企业带来深刻的影响,将能够直接致使用户产生"消费漂移"。

2000—2007年,由于外贸和投资的双重拉动,中国经济经历了长久的快速增长,经济呈现过热的迹象。2008年初,国家的宏观调控政策发生改变,银根收紧,增加了企业的财务压力。原材料价格的提升、劳动力成本的提升、人民币的升值从三个方面增加了企业的运营成本。此时又逢美国次贷危机爆发,外需急剧减少,一系列的合力导致经济迅速由过热变得过冷,众多的国内企业措手不及,受到重创。

这是企业生存环境的变化。企业对变化的处理,决定了企业的未来。

战略转折点

在企业发展过程中,通常会遇到一些战略转折点。在转折点上,处理得好,企业有机会上升到新的高度;处理得不好,则标志着企业没落的开始(图7-6)。

企业迟早会出现根本性的变化,导致这种变化的因素有:目前的竞争对手,潜在的竞争对手,供应商和上游企业,客户和消费者,和本

图7-6 战略转折点

企业有关的互补性企业,关键技术,等等。这些变化均不受本企业的控制,却能制约企业经营的根本格局。其中任何一个发生剧变,竞赛规则就会随之大变,竞争状况也就不可同日而语。

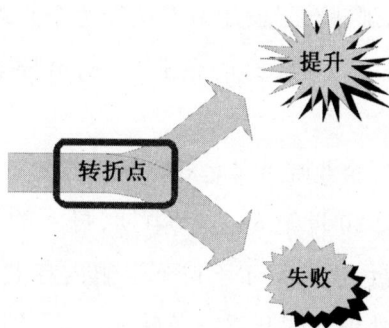

这类剧变对成熟企业的风险最大。不少企业经营多年,内部管理井井有条,利润稳定,客户也稳固,貌似万事大吉,但要是这种力量朝不利的方向骤然膨胀,而企业面临突发事件时不知或不善回应,顷刻之间就会分崩离析。

英特尔的创始人摩尔曾经对格鲁夫说,如果你还不知道自己是否正面临战略转折点,那么你只需要问自己一个简单的问题:如果目前核心管理层集体退下,那么继任者会如何选择企业下一步的发展方向。假若继任者的选择与你们的不一致,那么就需要认真思考公司是不是面临战略转折点了。

技术上的变化可能导致战略转折点的出现,但它不仅仅取决于技术上的变化。竞争对手也可能导致它的出现,但它又不仅仅取决于竞争的反应,它是企业方向上的全面变动。因此,单单运用新技术,或与过去一样同竞争对手搏斗,都不足以解决问题。它的力量是在暗中渐渐集聚起来的。你知道有变,却不知道什么在变。

战略转折点并不总是一条导向灾难之路。当企业发展的方向改变时,那些善于使用新方法经营企业的玩家就会喜获用武之地。对新手来说,或者对已有的企业来说,战略转折点都可能意味着一个新的发展机会。

企业既可以是战略转折点的承受者,也可以是它的引发者。

20世纪80年代中期,日本的存储器厂家把英特尔推向了巨大的转折点,英特尔不得不退出内存芯片的生产,而转入另一较新领地,即微处理器的开发。英特尔全力经营的微处理器业务,又把其他公司纷纷推入转折点,他们很难再立足于计算机中央处理器产业。英特尔经受了转折点的影响,又成为它的引发者之后,其他公司的处境更为艰难。

战略转折点是所有企业中的根本转变,无论它是技术型企业,还是非技术型企业。战略转折点兼有建设性和破坏性,且都不可避免。

企业应该仿效消防队。谁也不能预料下一次火灾将会在何处发生，因而要做的事就是组建一支精力充沛、效率很高的队伍，使之能够像处理普通事件一样处理意外事件。

在某些致命的产业转型即将出现的前夕，往往是经营一线的基层员工会最早感受到变化的压力。这些员工所发出的种种信息，会对决策层判断战略转折点的出现起到帮助作用，企业高层要善于从"噪声"中提取信息。

企业的战略转折过程需要通过管理层的自我学习与更替来完成，是曲折和痛苦的，管理层必须是适应型人才。当实现成功的战略转型之后，企业就可以站在新的高度，向更大的目标迈进。

半杯水的寓意

有一个不少人听过的寓言《半杯水的故事》：同样面对半杯水，你可以快乐地欢呼："太好了！还有半杯水可以喝！"你也可以沮丧地叹气："惨了！只剩下半杯水了！"同样是半杯水，乐观的人会庆幸还剩下半杯水，而悲观的人只会悲叹只剩下半杯水！

变化是导致许多企业落败的重要原因。所以，企业都很畏惧变化。面对变化，如果企业积极勇敢地应对，或许能使企业走向新台阶，带来意想不到的机遇，就像乐观的人对生活充满希望。而如果企业惧怕变化，刻意躲避，只会导致发展僵化，以落败告终，就像悲观的人郁郁而终。

第八章

建立团队(借力打力)

　　企业必须是充满活力的组织,传统的条条块块的组织形式是固化的、僵硬的,而团队是有活力的。企业应当在不同层面建立不同的团队:在领导层建立领导团队,实现公司的战略目标;在执行层建立执行团队,实现公司的业务目标;企业还可以建立探险团队,检测、观察企业的潜在机会和威胁,孵化企业的新增长点。

　　企业就是一艘船。团队成员就是船上的船员。要让每位船员意识到——这是我的船。这是我的船,我要靠这条船去证明自己的价值。如果它航行顺利,我会得到丰厚回报;如果它葬身鱼腹,我也难逃厄运。这是我的船,船上所有人都有一个共同的命运——船在人在,船亡人亡。只有与我的船共命运,我才能掌握自己的命运。这是我的船,在这条船上的经历是我生命的一部分,珍爱生命,我要让这段船上生活更有价值。这是我的船,这条船一定能够乘风破浪,抵达目的地,从而实现我的人生理想。这是我的船,它是满载而归还是触礁搁浅,取决于我是否能与其他船员齐心协力、同舟共济。

一、团队的定义

钩心斗角、同床异梦、一盘散沙叫乌合之众,不叫团队。一个和尚挑水吃,两个和尚抬水吃,三个和尚没水吃,这也不叫团队。

团队是为解决问题而成立的,由多个成员组成的共同体。团队有明确的目标,团队能够利用每一个成员的知识和技能协同工作。外科手术小组是团队,足球队是团队。旅行团、候机厅里的旅客则不能成为团队(图8-1)。

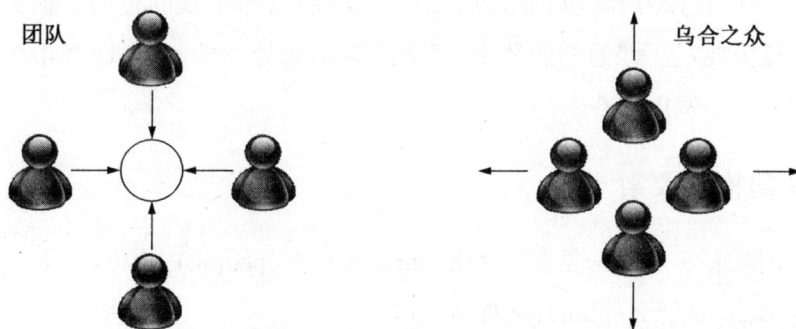

图 8-1　团队 VS. 乌合之众

团队的类型

根据团队能够做什么,用来做什么,还有团队的结构,对其成员行为的要求、力量、脆弱之处、局限性等方面的不同可将团队分为三种:棒球型、足球型和网球双打型。

第一种类型是棒球型团队。团队的成员都在这个队伍里行动,但都不是作为一个团队在行动。"在棒球比赛中,每个人都是孤立的",每个人都有绝不能离开的固定位置,二垒手不会上去帮助投手,就像麻醉师不会去帮助外科手术护士一样。

在底特律传统的设计队伍中,营销人员难得看到设计人员,后者也从来不去征询他们的意见。设计人员完成他们的工作,然后交给开发工程师,后者完成工作后交给制造部门,制造部门生产出来后再交给营销部门。

第二种类型是足球型团队。在足球队里,队员们和棒球队员一样,也有固定的位置,但他们是作为一个团队在行动的。

日本汽车厂商的设计队伍正是足球型团队。他们的设计人员、工程师、制造人员、营销人员是"平行"工作的,而不像底特律传统团队那样"按顺序"工作。

第三种类型是网球双打型团队。这种类型就如大公司"总经理办公室"高级管理人员的组成类型,亦是最可能产生真正的创造发明的团队类型。在双打型团队里,成员们有着主要位置,而不是固定的。他们都被假设为要"包含"他们的队友,适应队友的长处和弱点,在比赛中根据变化的需要做出调整。

团队的构成要素

团队有 5 个构成要素:目标(purpose)、人(people)、定位(place)、权限(power)和计划(plan),又称为 5p。

第一,团队必须有目标。

团队应该有一个清晰的既定目标,为团队成员导航,知道要向何处去,没有目标这个团队就没有存在的价值。团队的目标必须跟企业的目标一致。同时,团队成员必须清楚地知道这些目标,有时甚至可以把目标贴在团队成员的办公桌上、会议室里,以此激励所有的人为这个目标去工作。当有多个目标时,团队的价值会打折扣。

一个猎人在湖边布下罗网。许多鸟儿落网了。但这些鸟都很大,带着网飞走,猎人跟在鸟儿后面跑。一个农夫看见了说:"你要跑到哪儿去呀?你能用一双腿追上鸟儿吗?"猎人回答:"如果只有一只鸟,那我是没办法把它捉住,但像现在这样,我是十拿九稳的。"后来证明果然如此。因为天一黑,那些鸟儿便各自要朝自己的方向飞回去,这只要去森林,那只要去沼泽,另一只要去田野,到头来就一起连网掉到地上,猎人便把它们捉住了。

这个故事很形象地告诉我们,存在多个不一致的目标导致互相牵制,寸步难行。

第二,团队成员是互补的。

人是构成团队最核心的力量,超过两人就可以构成团队。人员的选择是团队中非常重要的部分。团队中需要有领队,需要有教练,要有人出主意,要有人订计划,有人实施,有人协调,有人监督。最终团队的业绩,是靠多人分工协作实现的。因此,团队的成员组成,要考虑到人员的能力、经验和技能互补的情况(图8-2)。

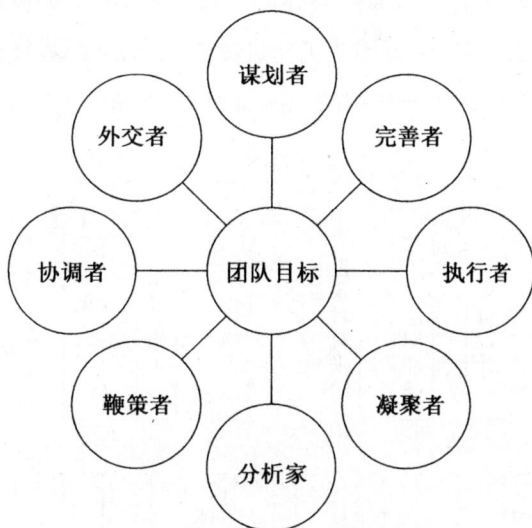

图8-2 团队是多角色的有机组合

第三,团队有明确的定位。

首先,是团队的定位。团队在企业中处于什么位置,由谁选择和决定团队的成员,团队最终应对谁负责,团队能够使用什么资源,团队的激励方式是什么?

其次,是成员的定位。成员在团队中扮演什么角色?是订计划还是具体实施或评估?成员的定位要和成员的角色、成员的特长一致,不能使秀才扛枪、让张飞绣花,更不能都去挑肥拣瘦,都去当将军,没人打仗了。团队中每一个成员的职责要清晰,分工要明确。

第四,团队要有合理的权限安排。

一般来说,团队越成熟,团队领导者所拥有的权力相应越小,而在团队发展的初期领导权相对比较集中。团队的权限安排包括财务决定权、人事决定权和信息决定权等。此外,企业对团队的授权也是一种独特的团队资源。

第五,团队要有合理的计划。

团队目标最终的实现,需要具体的行动方案,需要把目标分解成具体的工作程序。这样可以保证团队工作进度的顺利,从而最终实现目标。

工作分解和甘特图是常用的团队计划工具(图8-3、图8-4)。

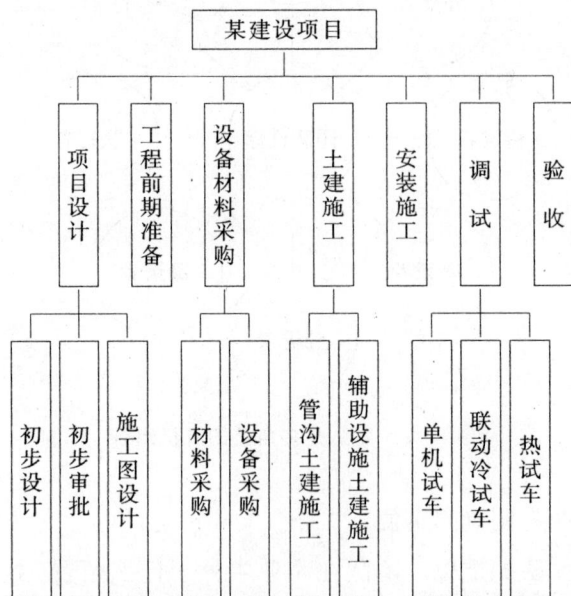

图8-3 工作分解

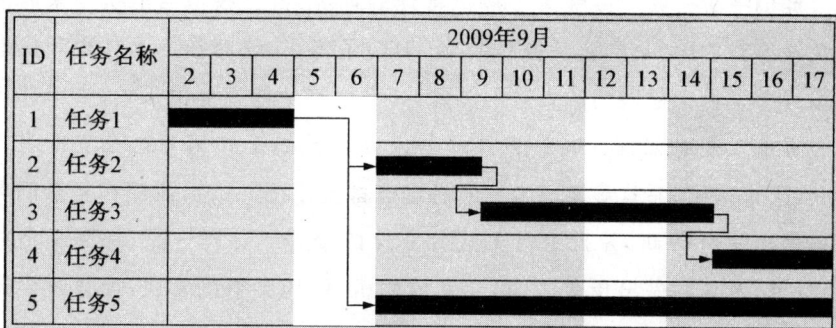

ID	任务名称	2009年9月															
		2	3	4	5	6	7	8	9	10	11	12	13	14	15	16	17
1	任务1																
2	任务2																
3	任务3																
4	任务4																
5	任务5																

图 8-4　甘特图

工作分解就是把一个项目按一定的原则分解,项目分解成任务,任务再分解成一项项工作,再把一项项工作分配到每个人的日常活动中,直到分解不下去为止。即项目→任务→工作→日常活动。

工作分解是一个描述思路的规划和设计工具。它帮助项目经理和项目团队确定和有效地管理项目的工作,帮助分析项目的最初风险,建立可视化的项目可交付成果,以便估算工作量和分配工作,并辅助沟通清晰的工作责任。

甘特图是以图示的方式通过活动列表和时间刻度,形象地表示出任何特定项目的活动顺序与持续时间。

管理者由此极为便利地弄清某一项任务(项目)还剩下哪些工作要做,并可评估工作是提前还是滞后,抑或正常进行。甘特图是一种理想的控制工具。

案　例｜麦当劳的危机管理团队

麦当劳有一支危机管理队伍,责任就是应对重大的危机。这支队伍是由来自于麦当劳营运部、训练部、采购部、政府关系部等部门的一些资深人员组成。

他们平时在共同接受关于危机管理的训练,甚至模拟当危机到来时怎样快速应对。比如,广告牌被风吹倒,砸伤了行人,这时该怎么处理?一些人员考虑是否把被砸伤的人送到医院,如何回答新闻媒体的采访,当家属询问或提出质疑时如何对待?另外一些人要考虑的是如何对这个受伤者负责,保险谁来出,怎样确定保险?所有这些都要求团队成员能够在复杂问题面前做出快速行动,并且进行一些专业化的处理。这样一来,在面临危机时,快速、专业地做出反应,危机会变成生机,问题会得到解决,而且还会给顾客及周围的人留下很专业的印象。

二、团队,从领队抓起

领队是团队中非常重要的角色,他的责任是领导、协调团队按计划有序地达到目标,负责协调团队内外资源,负责预测、控制和解决团队运行过程中的风险。

合格的领队需要具备八种能力(图8-5)。

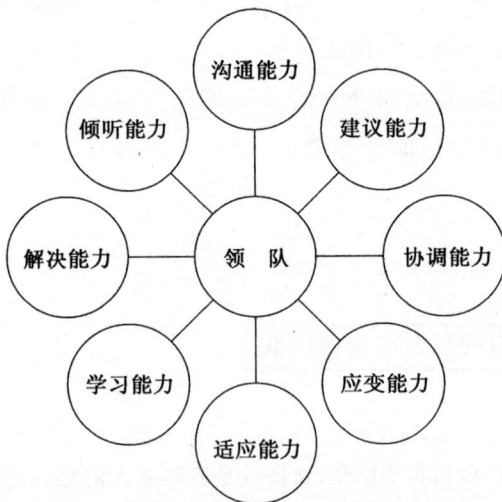

图8-5 领队应该具备的八种能力

领队需要坦诚与热情。

坦诚可以将自己与团队拉得更近,提高团队的信任度。将当前的困难坦然表白,使团队成员清晰了解,激发团队精神,勇往直前,面对挑战。坦诚能打破僵局,消除隔阂,重建互信,改善关系;坦诚绝对不是弱者所为,而是作为一个强者的领导所拥有的特质。

热情是内心的表达。团队是需要推动和鼓励的。一个眼神、一句问候都可以使团队成员感觉到热情和关注。团队的成员在工作中都会面对不同的问题,内心会有不同的感受,而团队里的氛围及大家之间的合作关系,其实影响着整个团队的成败。领队所表达的热情,会鼓舞团队的士气,强化团队的协作,令团队成员更重视团队的得失、看轻个人的得失。

领队必须具备独特的人格魅力。领队的人格魅力能够体现出团队的凝集力。这种凝聚力不是由权力驱动的,而是由理念、判断、学识、修养、专业素质、情感、管理能力综合体现出的影响力、感召力和教育力。

领队应该公正地对待每一个团队成员,要一碗水端平,不能偏心于亲信,这会打击团队中其他成员的积极性。领队应该有较强的自我控制能力,要能够在遇到问题时保持冷静的头脑,清醒地判断形势,进行决策或建议支持。

领队要掌握目标管理。团队的存在价值就是为了达到目标,因此必须进行目标管理。确定团队目标后,必须对其进行有效分解,转变成各个成员的分目标,根据分目标的完成情况对成员进行考核、评价和奖惩。

让团队成员参与目标的制定,激励团队成员努力完成工作目标,并以明确的目标作为考核标准,对员工进行评价和奖励。目标管理启发了自觉,调动了团队成员的主动性、积极性和创造性,且具有可考核的优点。目标管理通过自我控制和自我激励,将个人利益和组织利益统一起来,提高士气,促进交流合作,改善团队的人际关系,提高团队绩效。

2008 年 11 月,中国政府宣布 4 万亿美元的财政刺激计划。美国杜邦公司总部给了大中国区总裁下达了一个任务,那就是竭尽所能寻求中国 4 万亿经济刺激方案中的新机遇。但这并不是一件容易的事情。因为企业庞大的业务体系以及各个部门各自为政,使得各个事业部存在一些重复劳动。于是,杜邦中国总裁苗思凯决定整合公司内部的一些资源,提高效率。

苗思凯成立了一个叫做"龙项目"的团队,关注高速铁路、清洁能源、基础设施建设三个领域的投资并寻找机会。4 万亿中多数将用于基建方面,而杜邦在基础建设方面包括了很多业务部门,有很多材料会用到;新能源和高速铁路方面则是杜邦在全球投入比较多的科技研发后作出的努力方向。

"龙项目"的直属成员有 20 人左右,分别来自北京和上海相关业务部门和职能部门。苗思凯和杜邦中国区的市场销售部门负责人、杜邦中国区研发中心的负责人以及杜邦大客户及政府事务部门负责人组成了这个团队的最高领导层。成立后,这个团队的工作重点是建立起有效的信息收集流程,通过与下游客户或经销商的合作,推动和协助业务部门分析信息,并寻求机会。

信息收集流程主要是由一个称为"信息和资讯"的小组负责。这个小组是杜邦"龙项目"团队的核心部门,负责收集、分析和传递有关项目信息,以帮助相关业务部门或行业专项小组发掘业务可能性。

信息和资讯小组的成员会集中去向有关部门了解一些获批的项目信息,也会从网上收集信息,还会从国内的经销商和客户处获得一些信息。谁是项目的所有者,项目的工期安排,项目有哪些材料承包商,进展情况如何,是否公开招标,这些问题这个小组必须弄清楚。

信息小组主要的工作是收集信息,但哪些信息可能包含着商业机会,哪些部门应该参与进来,则由相关的事业部来进行分析。当一个项目谈下来后,如果牵扯到两三个事业部,针对这个项目,杜邦会成立一个专门的小组,来继续后面的跟进和协调。

比如说,一个项目最后被安排在深圳工厂进行材料的生产,那深圳厂会有一个项目团队来负责这个项目的生产和安排。生产过程当中如果有一些产品的研发、改型,这个团队也需要去做一些沟通和衔接。

"龙项目"团队还有一个辅助的职能部门,包括人事、财务、运营以及生产部门。他们负责协调,一旦一个项目谈下来以后,从人员调配到资金的配合,还有生产行为的协调,都由他们来做后续支持。

2007年,杜邦中国区的销售收入为14亿美元。杜邦计划到2010年将其在华总投资增至12亿美元,并力争将销售规模扩大到40亿美元。通过"龙项目"领导者有效地调配各项资源,杜邦在华取得了新的业务机遇。

三、不仅需要狼性团队,更加需要和谐团队

和谐团队有七个要诀:

要诀一:团队中的角色安排要清晰。

在团队中,成员一旦出现角色模糊、角色超载、角色冲突、角色错位、角色缺位等现象,会使成员之间角色不清、互相推诿,最终将会降低团队效率。只有清晰的角色定位与分工,才能使团队迈向高效。

要诀二:明确团队成员的职责。

团队效率是与团队成员的职责状况直接相关的,要使团队有效率,条件之一是团队成员明白并接受各自的职责。职责不明、职责混乱,最终势必降低团队效率。

要诀三:角色职责安排要以人为本。

团队成员角色职责制定要坚持以人为本的原则,就是要关注成员具备的素质和能力,根据每个成员的能力、特点和水平,把他们放到最适合

他们的角色岗位上,给他们提供施展才华的平台。

要诀四:人尽其用。

"世间万物各有功用",人亦如此。团队中的每一位成员都是非常重要的。在团队角色职责制定时,要恪守每一位团队成员都同等重要这样一种理念,才不至于在进行角色职责制定时只强调这个成员而忽视那个成员的作用,才能全面、充分地调动和发挥团队全体成员的才能、特长,进而成就高效的团队。

要诀五:团队在设定角色职责时,要将团队的表现作为最高的表现,而不是强调个人英雄主义。

要诀六:沟通的方式多样、灵活。

口头沟通使人有亲切感,但严肃或正式的沟通是以书面形式来进行的。通过书面的形式让员工了解自己当期授权的范围,自己的权利和责任,杜绝口头授权容易产生信息失真的弊端。

要诀七:分清主次,抓住重点。

面对角色定位的复杂过程和繁琐工具,要抓住角色定位流程的要点。抓住关键,能够有效、迅速地把握过程,实现准确合理的定位。

| 案　例 | 华为的狼性团队 |

华为无疑是狼性文化的"始作俑者"。

华为的老总任正非归纳出了狼的三大特性:一是敏锐的嗅觉,二是不屈不挠、奋不顾身的进攻精神,三是群体奋斗。这三点是狼在厮杀中成功的特性,转用到企业的竞争中,也会形成不可思议的力量,所以企业要发展就需要有点狼性。

敏锐地察觉对手的动向和市场的变化,可以抓住先机、把握主动。竞争的过程中必然会有挫败,因而想获得将来的胜利,必须要有不怕输的精神、永不言止的信念。在市场竞争中,退却和等待是没有任何意义的。企业是个集体组织,它的成功是每个人努力的结果,所以唯有全体奋斗,才有企业辉煌。

华为正是在这种狼性团队文化所营造的氛围下,爆发出了强大的创造力和生产力,成就了华为的宏伟大业。

但是2000年以后,在华为内部已经没谁再提狼性文化了。为什么会这样?原来,狼性团队非常适用于企业初创时粗犷性经营与管理且行业利润丰厚的时期,随着行业利润越来越薄,成本控制尤为重要,这时越敢打敢杀,对企业越危险,华为曾一度增产不增效。于是华为开始摈弃狼性文化。

狼性文化的七大弱点:

独断专行:领导者之大忌;

攻击性过强:难以营造和平的环境;

残忍冷酷:不按游戏规则出牌;

贪婪:导致失败的诱因;

家族式垄断:企业走向衰落的症结;

抱残守缺:不谙"多元化"经营之道;

模仿:狼性企业的暗伤。

"狼性文化"只能是中国企业发展中某一阶段的现实选择,尽管如今还有众多企业对此争相效仿,但"始作俑者"华为正在进行艰难转型。

<hr>

案 例 │ 微软的和谐团队

1994年,基于微软产品开发的经验和教训,以及微软咨询服务的业务经验,微软推出了解决方案框架MSF。MSF帮助项目团队直接解决导致项目失败的大多数常见原因,以提高成功率,解决方案的质量和业务影响。

我们来看微软的项目团队是怎么通过MSF组队模型解决问题的。软件项目组队的六个角色是:程序管理、产品管理、开发、测试、发布管理和用户体验(图8-6)。

从图 8-6 可以看出,MSF 中每个子团队在项目中的作用和关注的问题分别对应着项目中不同的六个方面。它们每个子团队的角色都代表了对项目的一种视角,没有哪一个人或角色能完全代表所有的不同质量目标。在此,MSF 把角色与责任结合起来了。

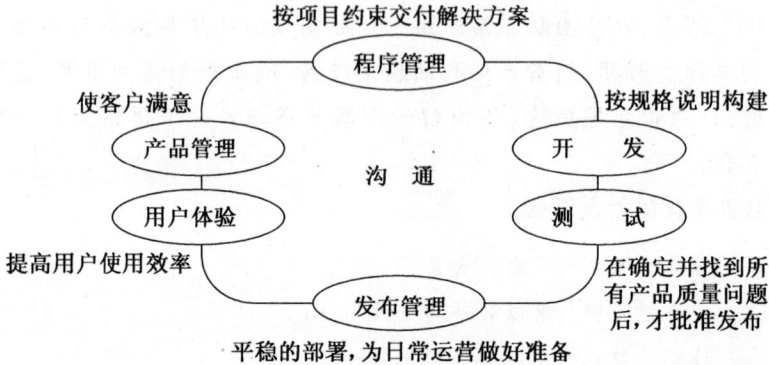

图 8-6　MSF 组队模型

MSF 组队模型中,在工作层面上也没有上下级的关系。每个子团队都对最终的软件质量的一部分负责。子团队成员内部,对子团队本身负责,实现该角色的质量目标。角色之间相互依赖,相互合作。它们之间通过"沟通"机制共享项目信息。

MSF 团队中,各子团队的工作和职责相互依赖,这种相互的依赖性会鼓励子团队成员对其他子团队的工作作出评论和贡献,以确保该子团队成员所有的知识、能力、经验能够被应用到解决方案里。

项目的成功,属于所有的子团队成员。他们共同分享一个成功的项目所带来的荣誉和回报。即使是一个不太成功的项目,也能做到全心投入并从中吸取教训,以完善他们的专长。微软通过 MSF 组队模型的团队管理模式,促使团队中的每个成员都有着共同的目标,而且共同承担项目的责任,因而充分调动了成员的积极性。他们都会认真思考提高工作效率的方法,主动出谋划策,朝着目标方向努力前进。

这样的团队就是和谐团队。

四、团队的冲突与绩效

适当的冲突有助于提升团队绩效

在传统意义上,冲突被认为是造成不安、紧张、不和、动荡、混乱乃至分裂瓦解的重要原因之一。冲突破坏了团队的和谐与稳定,造成矛盾和误会。基于这种认识,大家都将防止和化解冲突作为自己的重要任务之一,并将化解冲突作为寻求维系现有团队稳定和保持团队连续性的有效的、主要的方法之一。毋庸置疑,传统的观点有合理的一面,但将冲突完全消灭显然是一种不够全面的理解,也是一件不可能的事情。

正如通用汽车的斯隆所言:"意见相左甚至冲突是必要的,也是非常受欢迎的事。如果没有意见纷争与冲突,组织就无法相互了解;没有理解,只会作出错误的决定。"冲突其实是另一种有效的沟通方式,建设性处理冲突有时反而能实现共赢,成为团队高效的润滑剂。

冲突有两种不同的性质:凡能推动和改进工作或有利于团队成员进取的冲突,可称为建设性冲突;相反,凡阻碍工作进展、不利于团队内部团结的冲突,称为破坏性冲突。其中建设性冲突对团队建设和提高团队效率有积极的作用,它增加了团队成员的才干和能力,并对组织的问题提供诊断资讯,而且通过解决冲突,人们还可以学习和掌握有效解决和避免冲突的方法。

一个团队如果冲突太少,则会使团队成员之间冷漠、互不关心,缺乏创意,从而使团队墨守成规,停滞不前,对革新没有反应,工作效率降低。如果团队有适量的冲突,则会提高团队成员的兴奋度,激发团队成员的工作热情,提高团队的凝聚力和竞争力。

在技术研发和市场部门，冲突甚至是不可或缺的，否则带有缺陷的产品和项目一旦投入生产，损失将是巨大的。所以，在组织结构的设立和调整上面可以多动脑筋，提升冲突发生的频率和强度，让思路在反复熔炼之后转化为能够创造效益的真金。

总之，冲突是另一种形式的沟通，冲突是发泄长久积压的情绪，冲突之后雨过天晴，双方才能重新起跑；冲突是一项教育性的经验，双方可能开始对对方的职责不甚明了，通过冲突可使双方有更深入的了解与体认。冲突的高效解决可开启新的且可能是长久性的沟通渠道。

有效处理冲突

冲突是不可避免的，这是人的天性。即使没有外界的干扰，我们自己内心也会出现冲突。

既然我们无法避免冲突，我们就应该使冲突更加平和并向着正面的方向发展。要有效处理冲突，必须做到主观态度上坦诚、相互包容，客观上依据一定的步骤来进行。一句话，就是要做到透明。在解决冲突时，除了要有一个坦诚的态度外，还要有有容乃大的胸襟，做到相互包容，以自己想被对待的方式对待他人。

团队强调的是协同工作，较少有命令和指示，所以，团队相互包容的工作气氛很重要，它直接影响团队的工作效率。如果团队的每位成员都去主动寻找其他成员的积极品质，包容其弱点，以他人想被对待的方式对待他人，那么团队的协调、合作就会变得很顺畅，团队整体的工作效率就会提高。

要高效地处理冲突，化冲突为和谐，除了正确的态度外，还可掌握一些技巧。

要点一：沟通协调一定要及时。

团队内必须做到及时沟通，积极引导，求同存异，把握时机，适时协调。唯有做到及时，才能最快求得共识，保持信息的畅通，而不至于信息不畅、矛盾积累。

要点二：善于询问与倾听,努力理解别人。

倾听是沟通行为的核心过程。因为倾听能激发对方的谈话欲,促发更深层次的沟通。另外,只有善于倾听,深入探测到对方的心理以及语言逻辑思维,才能更好地与之交流,从而达到协调和沟通的目的。同时,在沟通中,当对方行为退缩、默不作声或欲言又止的时候,可用询问引出对方真正的想法,去了解对方的立场以及对方的需求、愿望、意见与感受。

要点三：良好的回馈机制。

协调沟通一定是双向的,必须保证信息被接收者收到和理解。因此,所有的协调沟通方式必须有回馈机制,保证接收者能接收到。比如,用电子邮件进行协调沟通,无论是接收者简单回复"已收到"、"OK"等,还是电话回答收到,但必须保证接收者能收到信息。建立良好的回馈机制,不仅让团队养成良好的回馈工作习惯,还可以增进团队每个人的执行力,也就保证了整个团队拥有良好的执行力。

要点四：有负面情绪时不要协调沟通,尤其是不能够作决定。

负面情绪时的协调沟通常常无好话,既理不清,也讲不明,很容易因为冲动而失去理性,如吵得不可开交的夫妻,反目成仇的父母子女,对峙已久的上司下属……尤其是不能够在负面情绪中作出冲动性的"决定",这很容易让事情不可挽回,令人后悔。

要点五：控制非正式沟通。

对于非正式沟通,要实施有效的控制。因为虽然在有些情况下,非正式沟通往往能实现正式沟通难以达到的效果,但是,它也可能成为散布小道消息和谣言的渠道,产生不好的作用。所以,为使团队高效,要控制非正式沟通。

要点六：容忍冲突,强调解决方案。

冲突与绩效在数学上有一种关系,一个团队完全没有冲突,表明这个团队没有什么绩效,因为没有人敢讲话,一言堂。所以,高效团队需要承认冲突之不可避免以及容忍之必需。冲突不可怕,关键是要有丰富的解决冲突的方案。鼓励团队成员创造丰富多样的解决方案,是保持团队内部和谐的有效途径。

要点七:增强团队的认同感。

例如,团队成员对于自己是团队一员感到自豪。如果团队成员有"我们风雨同舟"或"我们共命运"的感觉,将会对促进团队合作非常有利。

案 例 | 亚通网络的团队冲突

亚通网络公司是一家专门从事通信产品生产和电脑网络服务的中日合资企业。公司自 1991 年 7 月成立以来发展迅速,销售额每年增长 50% 以上。但是,公司内部存在着不少冲突,影响着公司绩效的继续提高。

管理层与员工之间的冲突

作为合资企业,尽管日方管理人员带来了许多先进的管理方法。但是日本式的管理模式未必完全适合中国员工。例如,在日本,加班加点不仅司空见惯,而且没有报酬。亚通公司经常让中国员工长时间加班,引起了大家的不满,一些优秀员工还因此离开了亚通公司。

产生冲突的原因是:管理层运用行政权力要求员工加班,但没有给予任何报酬作为补偿;而中国的员工在价值观上不同于日本的员工,员工长时间加班,如果没有相应的报酬,一般很难调动员工的积极性,久而久之就会削弱员工的工作动机强度。

这样一来,没有能力离开的员工就会表现出工作动机不强、工作效率低下,而有能力的明星员工则想方设法跳槽到更好的工作环境。企业将会变成一个过滤器,把有能之士赶到竞争对手那里,而把平庸之士保留下来。这样,企业会因为管理不善而走下坡路。

解决方法:管理层应该根据具体的情况合理地设计报酬系统,重新激发员工的积极性,并在人力成本与员工绩效之间取得一个动态平衡。

部门之间的冲突

亚通公司的组织结构是在各级行政负责人之下设置相应的职能部门,部门之间的协调非常困难。例如,销售部经常抱怨研发部开发的产品偏离顾客的需求,生产部的效率太低,使自己错过了销售时机;生产部则抱怨研发部开发的产品不符合生产标准,销售部门的订单无法达到成本要求。

产生冲突的原因:各部门都存在着自己的绩效目标,但是各部门之间存在着任务依赖性,而组织结构的先天缺陷却削弱了各部门之间必要的沟通量,从而导致任务的不协调。

解决方法:为了统一各部门的绩效目标,企业可以实施关联性绩效评估,把具有依赖性的部门的绩效关联起来。为了增强企业的信息管理能力,可通过信息管理系统来促进信息的流通,让各部门及时得到有用的数据。

主管与下属的冲突

例如,研发部胡经理虽然技术水平首屈一指,但是心胸狭窄,总怕他人超越自己。因此,常常压制其他工程师。这使得研发部人心涣散,士气低落。

产生冲突的原因:胡经理对他人没有信任,总是疑心别人超越自己,抢了自己的饭碗。这会极大地影响团队的凝聚力,导致团队效率低下。其实他的担心是不必要的,反而加大了冲突。由此可看出,胡经理并不适合做一个管理者。

解决方法:企业只能考虑换掉胡经理,但作为明星员工,企业可设计合适的报酬机制来重新吸引并激励胡经理。不要让人才轻易流失,成为竞争对手。

五、用新一代的语言激励团队

如何有效地激励团队成员,打造一支激励性的团队?能否掌握激励的方法,能否有效地激励,将直接关系到团队的发展。

激励的原则：

- 听比说重要
- 精神比物质重要
- 计划与目标同等重要
- 肯定比否定重要
- 发掘优点比挑剔缺点重要
- 相信永远是最重要的激励原则

激励的方法：

- 目标激励
- 荣誉激励
- 奖励激励
- 情感激励
- 氛围激励
- 逆反激励

目标激励

所谓目标激励，就是指把大、中、小和远、中、近的目标相结合，使属员在工作中时刻把自己的行为与这些目标紧紧联系。

目标激励包括设置、实施和检查三个阶段。

在制定目标时须注意，要根据团队的实际业务情况来制定可行的目标。一个振奋人心、切实可行的目标，可以起到鼓舞士气、激励属员的作用。相反，那些可望而不可即或既不可望又不可及的目标，会产生适得其反的作用。主管可以对团队或个人制定并下达切合年度、半年、季度、月、日的业务目标任务，并定期检查，使其朝着各自的目标去努力，去拼搏。运用数据显示成绩，能更有可比性和说服力地激励属员的进取心。对能够定量显示的各种指标，要进行定量考核，并公布考核结果，这样可以使属员明确差距，有紧迫感，迎头赶上。

主管可以在每月、每季、每半年的考核期中和结束后或业务竞赛活动进行当中和结束后，公布团队或个人业绩进展情况，并让绩优者畅谈展业体会，分享心得，以鼓舞全体部属的士气。

荣誉激励

树立团队中的典型人物和事例，表彰各方面的好人好事，营造典型示范效应，使全体部属向榜样看齐，让其明白公司提倡或反对什么思想、行为，鼓励属员学先进、帮后进，积极进取团结向上。

作为主管要及时发现典型，总结典型，并运用好典型(要用好、用足、用活)。比如，设龙虎榜，成立精英俱乐部，借用优秀员工的姓名为一项长期的奖励计划命名，还可以给成绩优秀者放员工特别假期，等等。也可通过给予集体荣誉，培养集体意识，使属员为自己能在这样优秀的团队而为荣为傲，从而形成一种自觉维护集体荣誉的力量。主管要善于发现、挖掘团队的优势，并经常向属员灌输"我们是最棒的"的意识，让属员觉得他们所在的团队是所有同类团队中"最棒的"。最终，使属员为"荣誉而战"。

作为团队的主管在制定各种管理和奖励制度时，要考虑有利于集体意识的形成和形成竞争合力这一点。比如，开展团队间的擂台赛、挑战赛等。这样既培养了集体荣誉，又可激励属员。

奖励激励

奖励就是对人的某种行为给予肯定和奖赏，使这种行为得以巩固和发展。

奖励分为物质奖励和精神奖励。人在无奖励状态下，只能发挥自身能力的 $10\% \sim 30\%$；在物质奖励状态下，能发挥自身能力的 $50\% \sim 80\%$；在适当精神奖励的状态下，能发挥 $80\% \sim 100\%$。当物质奖励到一定程度时，就会出现边际作用递减的现象；而来自精神奖励的激励作用则更持久、更强大。所以在制定奖励办法时，要本着物质奖励和精神奖励相结合的原则。同时，方式要不断创新，新颖的刺激和变化的刺激作用相对较大；反复多次的同一刺激，作用就会逐渐衰减；奖励过频，刺激作用就会减少。通过奖励、鼓励先进，鞭策落后，调动全体属员的积极性。

情感激励

人非草木，孰能无情，情感需要是人的基本需要，人们任何认知和行为，都是在一定的情感推动下完成的。一般来说，需要做到：

关心属员，帮助属员，特别是当属员遇到困难时。

与属员沟通，沟通是一切激励方法的前提。

信任激励也很重要。信任就是力量，信任就是最高的奖赏。

关心属员的家属，做好家属工作。

氛围激励

营造氛围时刻提醒成员企业和团队的目标，让每一个人明确自己的目标。紧张而热烈的气氛会直接给予业务员拜访的压力和动力。比如：

搞好职场建设，职场建设坚持 CI 标准，内容要丰富，形式要多样。

唱歌、跳舞、鼓掌、团队呼号、着装等都有一定的激励作用。

组织各种文体活动。

举办协会、俱乐部等。

逆反激励

逆反激励并不是从正面激发个体去实现某种目标，而是向他们提示或暗示与这种目标相反的另一种结果。而这种必然出现或可能出现的结果则是他们所无法接受的，从而使他们义无反顾地向既定目标前进。

比如：用危机感激发人们的斗志；增加压力，变压力为动力。

人的潜能像地底的岩浆，领导者加以适当的压力，可以使其发挥巨大的作用。压力持续的时间愈长，运用得愈得当，作用愈大。

<table>
<tr><td>案　例</td><td>华为的有效激励</td></tr>
</table>

在华为，一个优秀的销售人员不单单可以得到华为的物质激励，还可以得到精神激励。当然两者在华为是有机结合的，激励也是华为"做实"作风的体现。

物质激励

华为是中国员工收入最高的公司之一。在外界的传说中，在华为工作五年以上的中层干部可以支付一条游轮。华为的高薪一方面使得优秀的人才聚集华为，另外一方面也激发了人才的积极性。华为实物收入的形式包括工资、奖金、安全退休金、医疗保障、股权、红利等，实行按劳分配与按资分配相结合的分配方式。在华为的老员工(1996年以前进入华为的)，工资已经不是他们收入的主要部分，可以说工资占他们收入的比例几乎微乎其微，因为他们每年都可以拿到大笔的分红和奖金，而华为的创始人据说只有华为5%的股份。

精神激励

华为的精神激励主要有荣誉奖和职权。

在华为各种各样的奖励应接不暇，公司还专门成立了一个荣誉部，专门负责对员工进行考核、评奖。只要员工在某方面有进步就能得到一定的奖励，华为对员工点点滴滴的进步都给予奖励。

华为的荣誉奖有两个特点：第一，面广人多，所以员工很容易在毫无察觉的情况下得知自己获得了公司的某种奖励。只要你有自己的特点，工作有自己的业绩，你就能得到一个荣誉奖。对新员工有进步奖，参与完成了一个项目就有项目奖。

第二，物质激励和精神激励紧紧绑在一起。只要你获得任意一个荣誉奖,你就可以随之得到一定的物质奖励。一旦得到荣誉奖,你就能得到300元的奖励,而且荣誉奖没有上限,假设你成了荣誉奖"专业户",你的物质奖励就不菲了。

在华为,职位不单单是权力的象征,而且也是收入的象征。如荣誉奖,华为把员工的职权和货币收入捆绑在一起。得到一个比较高的位置,这个位置上获得的收入是起点收入的若干倍。

职权的激励在华为是非常重要的,为华为留住人才起到了非常大的作用。物质和精神上的激励保证了华为的营销团队永远精力充沛,在战场上充满了战斗力。华为对员工的激励,不单单是宗教式的对高效率的狂热追求,还有着理性的薪酬激励制度。也可以这样说,高效的薪酬激励制度和高度激发员工斗志的精神教育是华为进行员工激励的两大法宝。

第九章

卡位战略的三大形式

卡位战略的三大形式：

- 做精卡位——成为某品类或某特性产品的代表
- 做准卡位——成为行业的领导者
- 做活卡位——赋予新鲜感

要想做好卡位,需要企业在打造企业品牌时确立产品的位置,使消费者在短时间内对你的产品有所认知,并能产生兴趣,在需要时购买你的产品。

一、做精卡位

在同类产品竞争市场上,企业如何与竞争对手分享市场,这是企业管理者所关心的问题。不要做同类品牌的参照者,要成为一种品类或特性产品。做精企业的品牌卡位,以此去影响消费者的购买决策,使企业能够得到一定的市场份额。

成为第一品牌

品类是消费者长期以来形成的一种心智共识，即消费者心智中对多种事物、多种商品或多个品牌背后某种共同资源、共同属性的集中认同，形成品类。也就是说，品类是品牌背后更大的品牌。它是消费者心智中关于某一类品牌（产品）的集中认同，是消费者头脑里一系列阶梯中的一个阶梯。

从消费的本质来说，人们购买的是品类而非品牌，顾客之所以选择某品牌，首先是因为它代表了品类。消费者喝可口可乐，是因为人渴的时候，会想到要喝可乐（在这里可乐是一个品类），而可口可乐则是可乐的代表，因而它成了购买时的选择。没有成为品类代表的品牌，很难获得消费者选择。

在每一个产品类别里，消费者只容易记住一个代表性的品牌，这个有代表性的品牌，往往就是品类的第一品牌。

开创新品类

创造某一个类别的市场，使得企业能够在该类别的市场中成为第一。如果你不是第一个进入某一个类别市场的品牌，不要放弃。在市场中新创造出或者细分出一个新的类别市场，使得你成为第一个就行了。

创建品牌的第一步，是选择一个有前景的品类，并确认要创建的品牌有机会成为此品类的代表。

乐百氏 2003 年推出脉动时，它代表了一个新品类——维生素水，这个品类与可乐、茶和矿泉水相比有明显差异。此后，娃哈哈推出激活，添加了所谓的"亚马逊雨林青春活力果——瓜拉纳"；康师傅推出的劲跑X，则维生素、糖原、氨基酸一起补充；汇源的他她水，更为男女不同性别提供营养。

对于消费者来说,只有维生素最简单明了。他不会动太多的脑筋来比较这样或那样的差别然后掏钱,只会笼统地将所有其他产品都视为脉动的同类。这样,这些产品本质就没有了差异。

领先的脉动,只要加强铺货,强调自己是维生素水中的第一品牌,就可抑制其他品牌的发展。代表某个品类,实际上使品牌获得了最大的差异。

卓越运营

卓越运营是指建立从目标到目标、从用户到用户的端到端的卓越流程,为客户提供可靠的产品或服务。其目标就是不知疲倦地寻求降低成本的方法,除去中间的生产步骤、降低交易和其他"摩擦"成本,成为行业中价格和便利方面的领先者。

戴尔公司就是通过针对顾客进行直接销售,根据订单而不是库存进行生产,创造了一种低成本的文化,使之能够从其他个人电脑制造商那里争夺市场份额。

亲密的客户关系

注重顾客亲密关系的公司愿意花费一定的成本用以建立长期的顾客忠诚度。这些公司一般看重顾客对公司的终身价值,而不是任何交易的价值。往往服务业的公司更愿意采取这种模式。银行的大客户部或个人金融业务的运营模式正是这种准则的最佳体现,因为这种业务的利润基本上取决于客户的满意程度。

针对每个顾客或者个别细分市场来提供产品或服务,才能真正提高客户满意度。

产品领先

产品领先是指为客户提供引领潮流的产品和服务,始终如一地满足顾客对产品的使用和要求,从而使竞争者的产品淘汰,并因此而创造出高忠诚度的品牌。

耐克作为一家新兴的公司,能够超越在运动鞋领域中表现一直非常稳定的阿迪达斯,就是采取这样一种竞争战略。耐克外包了制造,而专注于产品的研发和创新,并牢牢控制了营销网络使公司产品能在第一时间到达消费者手中,这样一种运营模式最终使得耐克成为领先者。

案 例 "血尔"的由来

20 世纪末,几乎所有的补血产品都将"补血快速"作为自己的诉求重点,康富来却发现了它们共同的短板:持久。补不如养,能不能生产一种补血产品,可以克服这块短板,从被动补血到主动生血?

康富来的全体技术人员整整花了两年多时间,在 2000 年成功研制出血尔。血尔的广告与宣传,突出产品具备"生血因子"与"强身因子"双重成分,强调"血尔补血,功效持久"。

2001 年,血尔在上海发动"红色革命";2005 年,血尔一举超越红桃 K,成功颠覆红桃 K 十年霸主地位,成为国内补血市场新的龙头;2007 年血尔广告登陆央视黄金时段,更大范围的吸引眼球,更大分贝地叫出她的名字。仅仅用了七年时间,血尔就完成了区域品牌向全国品牌推进,弱势品牌向领导品牌的转变,销售连续四年蝉联中国补血市场冠军。

血尔在补血类保健品市场中的成功,就是运用卡位的成功。

血尔是保健品名牌企业康富来 2000 年的新产品,拥有"补血"与"强身"的双重功效。

如果按常规运作,在认知度上必定会败给红桃 K 补血快(当时补血品市场上的领导品牌)。康富来根据自己产品本身的功能和特性,确定了"功效持久"的位置,与"补血快"针锋相对。

由于有了明确的位置,血尔的所有宣传推广都围绕"功效持久"展开,不但广告诉求"功效持久",画册宣传也尽力展现贫血持久改善带来的好处。

促销活动宣传也在强调"血尔补血功效持久情更久"。血尔这种卡位的运用，让关注补血的消费者知道了一个"功效持久"的产品，与红桃K"补血快"不同，可以作为另一个购买的选择。长久下去，血尔会赢得"功效持久"的口碑，从而建立了个性独具的品牌。

血尔这种卡位的做法，有一个很大的好处，就是能使品牌区别与竞争者，确立了一个属于自己"概念"的产品，积累起品牌的价值。

二、做准卡位

当某个行业刚兴起未形成规模时，企业应如何作为？

要有坚定的信心，先入为主、大造声势，但不要成为这个行业的引导者。企业在进行广告宣传时，要有魄力和洞察市场的能力，用企业全部的精力和物力打造市场、占领市场，用卡位的准确性，成为这个行业的领导者，使竞争者无法超越自己。

如何成为行业领导者

企业如何把自己的产品有效传播，并迅速占据消费者心智空间，开辟新的蓝海呢？

集中优势资源，选择合适目标市场

在具体的时间和空间中，营销和战争有很多的类似之处，都是对于"阵地"的争夺。一方对于市场的占有必然导致另一方市场份额的减少。创新的市场，也有可能导致对于原有传统产品市场的抢夺。这意味着，新市场要对传统市场打一场进攻战。

整合传播渠道，迅速加热市场

大多数新市场的创造者通常都不是该行业的领导者，因此，在创新产品推向市场的时候，一般都是在打一场侧翼战或者是游击战。

提炼直击人心的产品概念

产品概念的提出一定要基于消费者的需求,甚至是消费者还没有意识到的需求。如果这种在创新产品之前就系统地研究了消费者的需求,那么概念的提炼就水到渠成了。如白象牌大骨面,消除了人们吃方便面方便但不营养的忧虑,满足了对于营养的需求。

抢先占位,建立代表身份

感知法则和观念法则指出,在人们头脑中占据第一,比在市场中成为第一要有效得多。为了在竞争者做出反应以前就建立领先优势,速度便成为一个关键因素。目标市场确定以后,要通过各种传播渠道的有效组合,在很短时间内把市场炒热,使新产品迅速被消费者认知、认可并接受,同时顺理成章地把自己的品牌变成新市场的领导者。

> **案 例** 商务通就是掌上电脑

在 PDA 市场上,商务通品牌广告的宣传做得很成功,他们把品牌卡位在"商务通就是掌上电脑、掌上电脑就是商务通"的位置上。他们用巨额的广告投放"炸开"了 PDA 市场,整个行业市场规模迅速扩大了。商务通通过大胆地投放广告来培养市场,在 1999 年的一年里,用两亿多元人民币的广告费用做科普工作,第一次告诉消费者掌上电脑的概念是什么、如何使用等知识。消费者第一次知道掌上电脑是商务通告诉他的,所以,消费者会很自然地联想到"商务通就是掌上电脑、掌上电脑就是商务通"。因而 1999 年他们的销售量比 1998 年所有品牌的 PDA 销量还要高,市场占有率达到 60%,预计 20 万台的销售计划,实际完成量几乎翻了一番。

用恒基伟业常务副总经理孙陶然的话说:"商务通的指名购买率非常高,顾客来到柜台就要买商务通,而且,通过口碑相传,每两名商务通用户还能够为我们带来至少一名新客户。"这就使得同类产品无法超越这种概念,对企业未来的发展起到了无法估量的价值。

如家酒店集团从 2002 年 6 月创建至今,短短几年的时间,以惊人的发展速度开创了传统酒店行业的一片蓝海,成为我国经济型酒店市场的排头兵。如家借鉴欧美完善成熟的经济型酒店模式,为商务和休闲旅行等的客人提供"干净、温馨"的酒店产品,倡导"适度生活,自然自在"的生活理念。

经济型酒店是在欧美及日本等发达国家发展起来的一种成熟的酒店经营模式,其定位于普通消费大众,基本设施齐全,以 B&B(住宿 bed 和早餐 breakfast)为核心产品,为客人提供有限服务。在国内城市居民已进入大规模休闲度假旅游消费阶段以及中小型商务客人日益增多的大背景下,中国经济型酒店酝酿了无限的商机,与传统星级酒店共同瓜分市场。

2001 年,中国星级酒店有 1.1 万多家,其中三星级以上酒店 5000 多家,但这些中高档酒店不能满足这部分市场需求;而招待所由于条件简陋,也无法满足这部分人群的需求。如家创始人季琦就是瞄准了酒店业的"真空"地带,开始在国内创建酒店业连锁品牌。豪华的不经济,经济的不实用,但这恰好给经济型酒店创造了一个巨大的成长空间。

如家快捷连锁酒店瞄准"经济适用"这一旅游需求和商务需求做准卡位,迅速崛起,成为该市场的领导者。

三、做活卡位

一个能在商业讯息混杂的环境中脱颖而出、清楚卡位品牌的主题,广告活动和执行方式必须要有变化,才能给人新鲜感,这样企业才更具活力、更具竞争力。

做活卡位就是赋予新鲜感。

品牌颠覆

品牌颠覆就是从另外的角度寻找突破点,让消费者获得全新的认知,打破行业领域内各产品、各品牌现有的认知消费结构,创造全新的品牌体验。品牌颠覆创造全新的市场空间,寻找属于自己的蓝海,跳出与竞争对手厮杀的红海,成为行业领域全新的品牌来确立自身的角色。

林氏柚园在接受一个柚子客户的任务后,采纳打破传统水果以产地命名的做法综合考虑了消费者对进口水果的认知,开创了全新的命名:波蜜柚。并打破水果市场不做推广活动的传统,开展了一场"水果狂欢节,柚子也疯狂"的营销推广行动,使林氏柚园波蜜柚自 2006 年 9 月份在北京上市以来,一举成为各超市水果大类中的单品销量冠军。

品牌活化

任何品牌都经历了产生、发展和壮大的过程。如果管理不善,品牌还将会很快走向衰亡。品牌经营就像旅馆经营一样,每年都要投入一定的维护、保养费用,使之焕然一新。

2004 年,青岛啤酒在百年华诞之后,通过调查发现,青岛啤酒在华南消费者心中始终是高高在上的感觉。

青岛啤酒在华南的不足,主要是由于品牌扩张的规划不足,品牌资产透支严重,青岛啤酒品牌拉力显得乏力,其品牌领导者地位在华南并不巩固,但最缺乏的还是品牌亲和度,因此品牌保鲜迫在眉睫。

2005 年,青岛啤酒借助原生啤酒的上市,在巩固其市场领导者地位的同时,配合体验活动、小丑营销等营销手段,拉近与消费者的距离,使百年品牌焕发青春与活力,同时使青岛啤酒的销售利润提升了 20%。

缝隙市场营销

缝隙市场营销是指跨越原有的产品和市场,通过原创性的理念和产品开发激发出新的市场和利润增长点。首先选择一个焦点,然后进行横向置换以产生刺激,最后建立一种联结。

白象大骨面创造了方便面新品类,"大骨熬汤,营养在里面",打破方便面没有营养的说法,将大骨作为卖点,成为方便面骨类面的第一品牌。

角色营销

运用角色具有拟人化效果,使品牌形象让消费者从心理、文化和社会感情上产生亲切感和敬重感,赋予品牌角色切合消费者的"身份"追求,从而有效引导和创造市场消费。

可口可乐公司通过富有感染力和亲和力的"酷儿"角色引导消费行为,使营销功能得到了完美的体现。

时尚营销

深入了解消费者行为,挖掘时尚创造者的生活形态,找到驱动消费行为的时尚力量和元素,并采用这些消费语言,迎合目标人群的心理需求,创造产品和品牌价值,并成功赢得市场。

瑞典"绝对"牌伏特加在广告的创意上可谓是一个成功的典型。他们把品牌卡位在"创造一种外观上持久的时尚"上,在广告的运作上不是用一种方式去刻意地宣传它。为了不断强化"绝对"牌在消费者心目中的形象,给消费者以新鲜感。他们把一贯简单的制作手段与不同常规的艺术手法相结合,造就了不拘一格的品牌形象。他们在广告的表现手法上总是千变万化,在节日促销活动时,用广告演奏圣诞颂歌,在广告上利用一块微型晶片用多种语言发出节日问候。"ABSOLUT 奇境"的广告则包在一个透明的塑料盒中,盒中装有细小的塑料"雪花",漂浮在一种油水混合物之上等。

1987年，"绝对"牌伏特加在加州的热销，使他们制作了一座酒瓶状的泳池，标题为"绝对的洛杉矶"，以感谢加州消费者对此酒的厚爱。没料到这一效果引来了全美不少城市纷纷要求也来一张该城市的特写广告。于是，就有了"绝对的西雅图"、"绝对的迈阿密"等佳作，从而形成了"绝对的城市"广告系列。多年来"绝对"牌伏特加广告上运用的主题多达12类之多——绝对的产品、物品、城市、艺术、节日、服装设计、主题艺术、欧洲城市、影片与文学、时事新闻等。在这一过程中，"绝对"不但培养了一大批忠实的顾客，同时也拥有了一大批迷恋与收藏"绝对"牌广告的受众，而且到了如痴如醉的地步。

案　例｜海尔空调的"星级服务"

在空调市场上，海尔空调在售后服务竞争激烈的环境中，并不一味地追求某种售后服务形式，而是根据市场的变化、消费者对售后服务要求的提高，不断地改变其服务方式。

他们在全国首家推出了海尔国际星级一条龙服务标准，并把售后服务的标准卡位在"星级服务"的位置上。

海尔空调为消费者提供与其质量和信誉相符的服务：买一台海尔空调，压缩机保修五年，比国家规定高出两年，终身保证服务；即买即装，24小时服务到位，定期回访用户，实行全国质量跟踪；提供热情详尽的技术咨询服务，保证一试就会；免费送货、免费安装、免收材料费。

随着市场的变化，海尔服务的方式也有了变化，在不改变品牌卡位的主题基础上(星级服务)，又推出了"情感销售"，他们把情感融入销售活动之中，使得单纯的买卖交易行为变得富有人情味，让消费者感到一丝丝温馨。

2002年，由著名的零点调查公司和北京科技智囊信息技术中心联合进行的一项"消费者最喜欢的家庭空调服务方式"调查中，海尔空调在2001年全国首次推行的无尘安装以 54.1% 的比例成为消费者最喜欢的服务方式。大部分消费者认为，无尘安装能够从根本上为消费者着想，真正做到了省时、省力、洁净无尘，既解决了消费者的难题，又具有创新的专利技术，真正想到了用户之所想。

除此以外，安全配电是海尔个性化服务的又一项专利服务方式，并以 43.5% 的比例排在无尘安装之后，在这次消费者满意的服务方式调查中位居第二位。

海尔的爱心、真心、诚心就是这样一次次地送给消费者，总是让消费者"意外"惊喜。消费者对个性化服务需求正在快速增长，因此寻找符合消费者心愿同时又有别于其他品牌的独特方式显得尤为重要，只有高差别化、技术创新而且更注重创新服务的产品才是消费者的首选。

第十章

卡位在现代商业中的应用

宇龙酷派以技术卡位,开辟手机市场新蓝海。

镇江西门子挖掘最大优势——专业和敬业来卡位。

日本生命保险为顾客提供最佳的综合服务去卡位。

丰田凭借丰田生产方式,管理卡位。

一、宇龙酷派开辟手机市场蓝海

2005—2006 年,国产手机集体失势,波导、TCL、夏新等品牌逐渐沉寂;中科健、南方高科、迪比特等国产手机先后出局。但就是在这种情况下,一个此前并不为人所熟知的品牌——酷派,却在国产手机的寒冬中实现了大发展,销售额和利润均保持快速增长。据赛诺调查数据显示,2006 年,宇龙酷派在 CDMA 市场的销售额紧随三星、MOTO 等厂商,位列第三,在国产品牌中排名第一。

酷派也是唯一的在高端手机领域与国际巨头抗衡的国产品牌,在国产品牌纷纷向中低端滑落的时代,酷派被称为孤独盛开的"腊梅"。自

2003年宇龙酷派公司进入高端智能手机领域以来,酷派手机持续保持快速的增长态势,年销售额连续三年增长超过100%,并接连获得亚太区500强高科技企业、中国高科技高成长50强等称号。

定位中高端的智能手机

在2002年,酷派就凭借准确的市场前景预测,义无反顾地投身于当时尚处于萌芽状态的智能手机市场,这不能不说是一个十分具有前瞻性的抉择。据调查显示,智能手机是所有手机细分市场中增长较快的市场之一,同时具备长远广阔的市场拓展空间。

由于具有一定的技术壁垒,智能手机市场的竞争相对其他细分市场而言竞争相对缓和,整体的毛利率较高且较为稳定。尽管国内业界及消费者对于国产手机厂家的技术研发能力处于一种普遍的不信任状态,但宇龙酷派还是选择了相对中高端的智能手机作为自己的切入点,并把自主技术研发列入公司发展的核心内容。

技术先驱

任何一门武功的练就,都脱离不开练功者本身的身体条件。

宇龙通信这家以研发为主导的企业成立于1993年,在介入手机领域之前,已在通信系统集成、软件开发领域耕耘多年,具有较强的技术研发能力,在运营商方面也积累了良好的资源。

酷派认为,手机已经是一个高度细分的市场,国际品牌不可能在所有的细分市场均占据优势,只会在规模最大、获利最丰的市场领域投入核心资源,并把该细分市场做成大众市场。

而酷派则是用"暗战"的策略,敏锐捕捉尚处在空白状态的细分市场,并在这个细分市场投入优势资源,打造在这个领域的技术优势,也就是一种"集中优势兵力,各个击破"的策略,酷派称之为"压强原则"。另外,在细分市场的把握、产品方向的确定上,酷派紧密结合了运营商的业务与需求,并引导运营商高度参与进来,这又是酷派的独到之处。

在介入手机市场三年后,酷派已经拥有了国内最具实力的智能手机研发团队,在局部领域的技术上甚至超过了国际一流的手机厂商,卡位的细分市场产品往往能领先同期市场半年以上,在业界成了一道非常独特的风景线。

成功源自独门绝活儿——技术卡位

首先从绝对技术上而言,国际厂商占有绝对优势,但宇龙酷派技术卡位成功地抓住了国际厂商的一个不足之处,那就是对于市场规模的要求以及对市场变化的反应速度。

国际厂商由于实施全球化的策略,从市场规模的角度来说,对于技术化为市场的产品要求较高,比如说摩托罗拉不会专门为中国某个区域设计专用的手机产品。而对于宇龙酷派来说,在采用策略时则可以相对灵活自如,如果有这样的市场需求,则可以专门为客户量身定做产品。

卡位三部曲——以领先创造突破

卡位一部曲——2003年,酷派688,卡位CDMA智能手机

宇龙通信是2002年才进入移动终端市场的,并在2003年推出了他们的第一款智能手机——"酷派688",这也是中国第一部CDMA 1X彩屏智能手写手机。在当时的情况下,智能手机虽然正处于快速的增长期,但所有的智能手机主要还是集中在G网上,而在新生的CDMA网络上,却没有一款真正意义上的智能手机。酷派688作为首款CDMA智能手机,具有里程碑式的意义,从此逐步奠定了酷派手机在智能手机领域内的地位。

卡位二部曲——2004年,酷派858,卡位智能双模手机

宇龙通信为人们广泛知悉,是在2004年底中国联通世界风双模手机发布大会上,作为唯一的国内厂商与三星、摩托罗拉、LG等国际品牌

同步登场,推出了国产第一款双模手机酷派858,同时该款手机也是全世界首款智能双模手机。

2002年,CDMA作为新兴的移动通信网络在国内诞生时,大多数商务人士早已有了GSM手机,由于难以舍弃珍贵的手机号码资源,因此无法换成时尚又实用的CDMA 1X手机。中国联通正是看到用户既有保持原来号码又有享受资讯、娱乐、商务、生活等全方位信息服务的需求,因而主导研发了G+C双模移动系统,并基于该系统推出了"世界风"双模手机,可使用户实现在GSM网络和CDMA网络间双向自由切换。世界风双模手机定位高端,酷派则创造性地把智能手机与双模手机融合在一起,造就了智能双模手机这一新兴品类,更符合商务人士的需求。

酷派858在相当长一段时间内是该细分品类的唯一产品,直至2005年底才有第二款智能双模手机面市。以时间创造空间,酷派858获得了巨大的成功,也进一步巩固了酷派在高端手机市场中的地位。

卡位三部曲——2005年,酷派728,卡位双模双待机

双模手机的快速成长,吸引了更多的品牌推出更多的产品,酷派酝酿着如何在这个细分市场再一次进行卡位,再一次创造领先。双模手机虽然解决了两个网络在一部手机上实现应用的可能,但由于需要切换,导致双模手机整体的市场接受度受到一定的影响。正基于此,联通认为有必要开发出GSM/CDMA双网同时在线的手机。据说,中国联通给了世界上最大的几个手机厂商双待机手机的设计需求。

但只有酷派728率先于2005年12月研发成功,它是全球第一款GSM/CDMA双网同时在线的智能双模手机,也是全球第一款基于微软的WINCE平台的双模手机。它几乎囊括了高端智能手机的所有商务与娱乐功能,你完全可以把它当成一台能通话的微型笔记本:上网、收发邮件、读写Office文件、无线MSN/QQ、实时查询股票行情、海量存储、mp4看电影甚至同步发音的英汉词典等。

酷派728双待机一经面世,便立即引起轰动,在2005年12月联通新一季世界风终端集购中抢占先机,力压国际品牌成为最大赢家,取得超过一半的采购份额,令国内同行刮目相看。

酷派双待机产品同样领先同期市场超过半年,GSM、CDMA双网双待的第二款产品直至2006年7月才面世。

成　果

到2006年,宇龙通信已经为自己构建了更为完善的产品线,陆续推出适合于不同人群的产品,形成了1、5、7、8等系列产品线。其中高端商务人群是他们的主要目标,据说酷派手机目前的使用者绝大多数是消费金字塔中最高端的人群。"在国产手机市场,我们在绝对份额的占有率并不算高,但在4000元以上零售价位的CDMA终端产品里面,我们占有垄断的地位。"宇龙酷派市场策划部总监古勇说。

成功卡位的背后

强大的技术研发实力

目前在国内手机市场,宇龙最大的优势在于操作系统。目前宇龙有超过300人的研发队伍,他们从1996年开始研发基于Linux操作系统的手机,2001年在移动终端上得以应用。宇龙的手机操作系统基于Linux和微软两大开发平台。

国内大多数手机企业一般是购买手机设计企业的解决方案,将大部分精力放在营销和品牌建设上,而宇龙所积累的技术研发经验使其具备了一定的应用技术开发能力,这是宇龙可以根据行业客户的需求进行定制的基础。宇龙酷派独创的操作系统连续三届荣获软件博览会金奖。

与运营商的紧密合作,形成共赢

目前宇龙是唯一专门针对中国联通CDMA网络开发手机系列产品

的国内企业,而作为宇龙的战略合作伙伴,超过50%的"酷派"手机都是通过中国联通的渠道捆绑销售。除了"世界风"这个高端品牌,宇龙还借助中国联通的渠道向行业用户销售"酷派"智能手机。

酷派的产品同样为联通吸引高端客户作出了巨大的贡献。举例来说,据调查显示,酷派728的手机绝大部分属于月话费在500~800元的用户,而这些用户有相当一部分是原来中国移动的客户。

差异化的"服务"

"酷派"推出了定制化的"315快捷服务"。所谓"315快捷服务",就是指宇龙客户服务中心由专职热线人员在3分钟内回复客户的投诉。接到问题投诉后,热线人员通知相关区域的服务工程师,工程师接到问题后在1小时内准备技术服务方案,在5小时内和用户联系解决问题,从而确保了快速响应。

不仅如此,宇龙更是特别针对高端用户推出"VIP上门服务",让高端用户真正体验到"大客户"待遇,通过服务差异化创新塑造出独特的品牌优势,这也成为国内手机市场上首家推出手机上门服务的企业之一。

二、镇江西门子的卡位策略

镇江西门子母线有限公司成立于1998年8月,由西门子(中国)和中国电气工业领军企业大全集团在低压母线领域联手组建。公司是全球最大的低压母线槽产业基地,产品主要面向中国及东南亚市场,年销售额逾12亿元。镇江西门子以其可靠卓越的品质和完善的售后服务稳居同行之首,国内市场份额高达30%以上。同时,作为主体单位还负责母线槽国家标准的制定、修订和复审工作,做好行业标杆,引领行业发展。

怎样对公司的主打产品进行卡位？

第一步,进行市场占有率调查(图 10 - 1)。

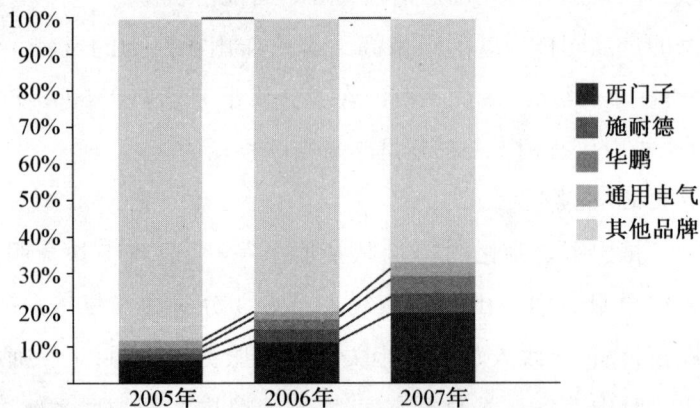

图 10 - 1　2005—2007 年国内市场中高端母线品牌市场占有率

数据来源：西门子市场部

第二步,产品对比,确立竞争对手(图 10 - 2)。

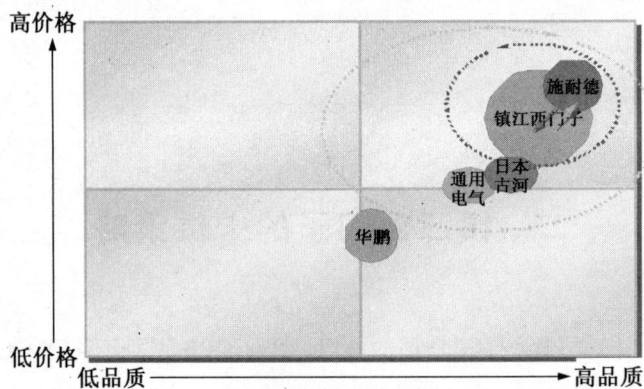

图 10 - 2　确立竞争对手

从图 10 - 2 可以看出,市场无形中分成了三个区域:

　　直接竞争对手(国外):镇江西门子与施耐德;

间接竞争对手(国外)：镇江西门子,施耐德,通用电气,日本古河;

间接竞争对手(国内)：以华鹏为代表的国内母线企业。

从图 10-3 很快能够看出,施耐德是镇江西门子同档次的竞争对手。

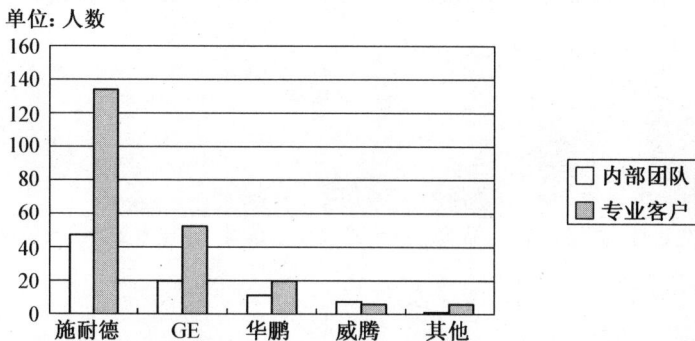

图 10-3　竞争对手调查

第三步,挖掘优势,寻找区隔。

锁定同档次的竞争对手,然后根据客户选择品牌的原因,拿公司和对手进行对比,寻找自身的优势(图 10-4 至 10-7)。

项　目	调查结果
他们的专业度最高,最了解我们的需求,包括行业的特点,能为我们设计方案,帮助我们解决难题	①①
他们的品质最好,真材实料,加工精细	②②
他们技术最先进(比如运用先进技术使重要参数性能提高或者更加节能、寿命更长)	③⑤
他们的产品安装最方便	
他们售后服务好,响应速度快	④
他们最讲信誉,口碑好	
他们货期短,交货及时	
他们的销售人员值得信赖,我愿意和他们打交道	③
他们的技术支持力量强	
他们性价比高,物有所值	

图 10-4　品牌区隔调查

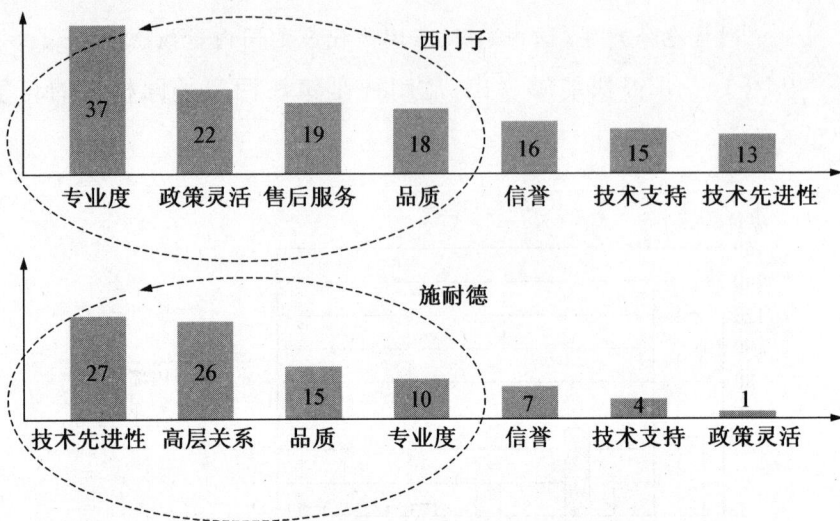

图 10-5 西门子与施耐德的母线品牌价值要素分析

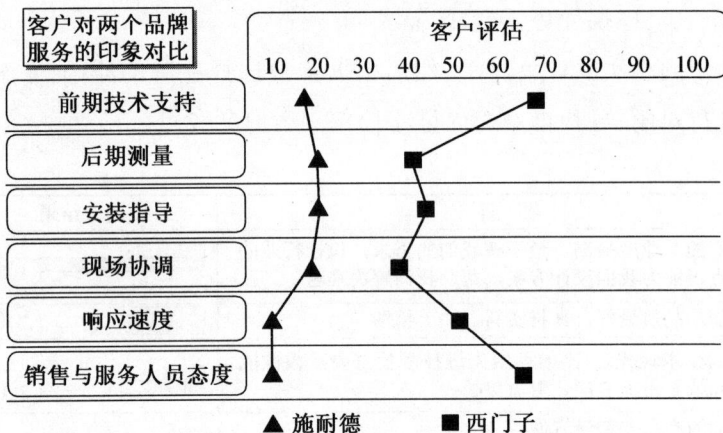

图 10-6 品牌服务印象调查

调查显示,在客户的心目中,施耐德的技术较先进;然而,销售人员与售后服务方面,镇江西门子有绝对的优势。

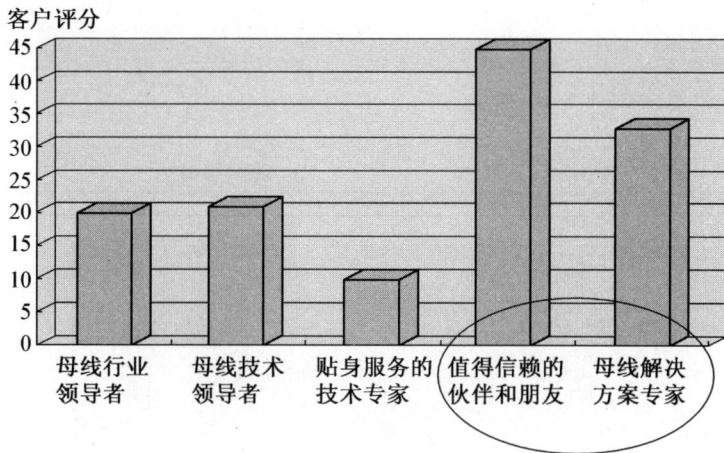

客户评分

图 10 - 7　品牌联想调查

图 10 - 8 所示为销售人员的几点看法：

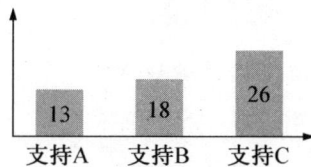

A. 总体来讲，施耐德母线重视产品和技术，而西门子母线则重视满足客户全方位的需求并实现各方利益的平衡。所以，西门子可以称得上是"母线的解决方案者"。

B. 总体来讲，施耐德母线为客户提供的是产品价值，而西门子母线则为客户提供了更多服务方面的价值。所以，西门子可以称得上是"服务成就价值"。

C. 西门子母线的成功是靠对母线行业的专注、专业和一种敬业精神，是靠与客户紧密沟通和满足客户多元化的价值需求，是靠努力平衡各方的利益需求。可以说：西门子是用心在和客户沟通。

图 10 - 8　销售人员的看法

从客户和销售人员的角度可看出，西门子母线的最大优势就是专业化和为客户提供优质的服务。

第四步,品牌定位。

公司根据西门子母线的最大优势给品牌定位,与同类产品形成差异化的竞争优势(图10-9)。

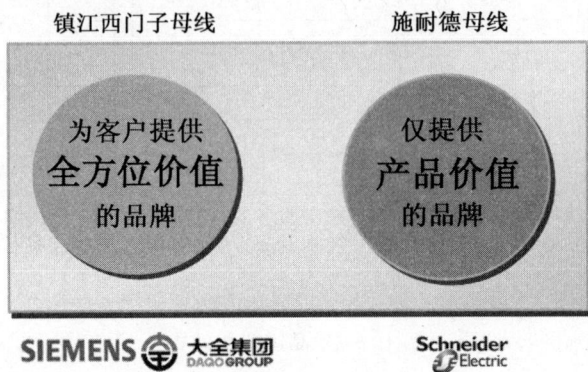

图 10-9　西门子母线的最终定位

镇江西门子母线的传播口号:

- 全球母线解决方案的缔造者
- 成功源于专注　服务提升价值
- 世界品质　一流服务
- 服务　超越产品价值
- 用心沟通　才能连接世界
- 传递电能　更传递价值
- 卓越服务　连接世界

图10-10所示为西门子母线商标。

图 10-10　西门子母线商标

三、日本生命保险的成功之道

日本生命保险公司创建于 1889 年,迄今已有 100 多年的历史。该公司是日本最大的人寿保险公司,同时也是日本最大的养老金发放管理机构。日本生命保险不仅在日本家喻户晓,同时也享誉世界。

根据《财富》杂志 2003 年 7 月发表的资料显示,日本生命保险在 2002 年度总收入、总资产方面位居全球人寿保险行业第三位(亚洲第一位),是世界顶级的人寿保险公司。在 2006 年 7 月信用评级中,日本生命保险获得外部信用评估机构的高度评价,分别获得信用评估投资信息中心 AA 等级的评价,标准普尔 A＋的等级评价,Fitch Ratings AA 的信用评级。

最佳综合服务

自创建以来,日本生命保险为了不断满足顾客需求日趋多样化和高度化的需求,公司全面推出"奉献最优质综合保险服务"这一新的经营方针。

为了实现这一方针,日本生命集团以日本生命保险(寿险)、日生同和损害保险(产险)、日生资产运用(资金运用)和日生信息技术(IT)四大本业为核心,建立了集团一体化的经营体制,进一步提高了经营和服务能力。

稳定的安全感

日本生命保险作为人寿保险公司,奉行"向顾客奉献长期稳定的安全感"这一最大的职责,努力实现公司的稳健经营。公司获得美国标准

普尔公司的 A＋信用评级,这一信用级别表明公司具有极其牢固的市场
地位和丰厚坚实的自有资本,以及坚实的收益能力和弹性良好的财务实
力。为了不断强化经营基础和抵御风险能力,公司不断地充实自有资
本,使偿付能力比率保持在 1257.9％(截至 2006 年 3 月)的高水平之上,
充分体现了公司抵御风险的能力。

商品和服务

日本生命保险在开发服务和商品方面,始终处于行业领先地位。

1999 年,为了奉行"最优质综合保险服务",公司推出了世界首创的
"日生保险账户"服务。

"保险账户"服务制度成为集团各公司的共同经营基础,它将寿险、
产险、医疗、护理等各种保障集中于顾客的同一账户内,根据顾客的投保
金额等设定点数,为顾客提供保费的价格折扣和增加分红等服务。

2001 年,公司在日本市场又推出了新的医疗终身保险,将终身医疗
保障和可根据需要进行修改的死亡保障结合,充分满足了老龄化社会的
消费者需求,深受广大消费者的支持和好评。

多种营销渠道

日本生命保险在进行先进的商品开发的同时,在向顾客提供服务的
营销渠道上也下了很大工夫。1995 年,日本生命保险在业界率先构筑了
卫星广播系统,通过卫星广播对营销员进行专业教育。公司还通过客户
服务中心、代理店渠道、互联网及电话等进行销售,实现服务渠道的多
样化。

服务卡位,建立品牌

公司对自己推出的所有保险商品都打上"日本生命保险"的品牌,在
市场上都有一个切入点,都用统一的名称。每当推出一个品牌,就要让

公司的顾客达到最大的满意程度,得到他们的认可;客户对品牌的满意程度,通过社会调查和营销员服务,汇集到公司的上层。

在保险市场竞争日益激烈的今天,日本生命保险选择了用真诚的服务赢得客户的信任,赢得竞争的胜利。日本生命保险以"最佳综合保险服务"的经营理念卡位,树立了保险市场的最佳品牌。

四、丰田的微笑

丰田汽车公司创立于 1933 年,它是世界十大汽车工业公司之一,日本最大的汽车公司。

2008 年,丰田首次在汽车销售量上超越通用汽车,成为全世界第一位的汽车生产厂商。丰田是标准普尔信用的最高等级(AAA),也是全球唯一拥有该评级的汽车制造商。

丰田公司早期以制造纺织机械为主,创始人丰田喜一郎 1933 年在纺织机械制作所设立汽车部,从而开始了丰田汽车公司制造汽车的历史。1935 年,丰田 AI 型汽车试制成功,第二年即正式成立汽车工业公司。但在 20 世纪 30 年代至 40 年代该公司发展缓慢。在第二次世界大战之后,丰田汽车公司才加快了发展步伐。

丰田公司通过引进欧美技术,在美国汽车技术专家和管理专家的指导下,很快掌握了先进的汽车生产和管理技术,并根据日本民族的特点,创造了著名的丰田生产管理模式,并不断加以完善提高,大大提高了工厂生产效率。

丰田生产方式的由来

丰田以"丰田生产方式"而闻名,这是丰田独创的管理理念和做法,是现代精益生产的先驱。丰田生产方式也叫做"实时生产"。

丰田创始人丰田喜一郎走访美国时，在一家超市观察到简单的自动饮品补充的概念——客人拿走想要的饮料后，饮品补充者以另一杯取代它，由此受到了启发，和几个工程师摸索出了一套对汽车生产过程进行科学管理的方法。

他们将工厂内部的生产结构进行了调整，使其适合于专业化生产：以汽车总装厂为中心，把社会上零散的零部件厂组织起来，有计划地把自己的生产需要同他们的技术结合起来，利用外部订货的方法，实行零部件生产的扩散，创出了后来一度风靡全球的"丰田生产方式"。丰田生产方式(TPS)令丰田大大降低了成本和缩短了交货期，同时又提高了产品质量。

降低成本

TPS 提倡极力减少库存，以"零库存"为目标。TPS 认为：在企业运行中，"库存"是最大的"浪费"。库存的浪费，有以下几个层面：

第一，库存的浪费，是购买原材料和零部件占用资金的浪费。

第二，库存还会产生新的浪费。比如，购置和使用空间的浪费，搬运的浪费，管理的浪费，等等。库存的管理费用，按照全球的经验，约占整个库存资金的 20%～23%，直接影响现金流。

第三，库存最大的浪费和危害在于它会掩盖问题，使管理恶化，妨碍企业进步。比如，车间生产线因发生问题停产两个小时，如果目前有车间四个小时产量的库存，事情可能不会报告到公司高层。但是，如果库存仅为车间一个小时的产量，那么客户或者后道工序就会发生无法交货或者缺货，就会造成大的混乱。由此可以看出：四小时库存可以掩盖停产的问题；而库存减少到一个小时，就会导致问题表面化，就会促使采取措施加以改进。

第四，在 TPS 思想中，还有更广义的库存。在企业中，除了看得见的库存,还有大量看不见的库存。比如说,"信息的库存"、"决策的库存"、"行动的库存"、"管理的库存"、"员工能力的库存"、"时间的库存"、"文件资料的库存"和"会议的库存"等,数不胜数。经营管理中也有流动,阻碍管理顺利流动的每一个因素,也都是库存,都是浪费。

TPS 最为关注的,是对这些看不见的库存的降低,也就是加快流程速度。对这些库存的减少,对这些浪费的排除,已不仅是降低成本,而是变成了对企业内潜在经营资源的深度开发。

过程周期缩短

"过程周期缩短",就是 TPS 最核心的准时生产。所谓"准时生产",就是"在必要的时候,以必要的量,生产必要的产品":准时购进材料零件,准时生产,准时交货。TPS 强调速度的准时生产,带动了全球制造业企业的管理结构革新,也就是:企业经营机制从"以资源运转为中心"向"以物流速度为中心"进行切换,向"有效运转率"转换。

任何企业,不论生产产品还是提供服务,在流程中真正创造价值的时间是很少的,全过程周期时间与有效价值创造周期时间的比值,很多企业高达 5000 以上。也就是说,企业一片繁忙,但真正创造价值的时间只有 1/5000,其他全是浪费!平常我们认为是必要的和必需的活动,按照 TPS 的思路去看,只要它不产生价值,都是浪费。搬运是浪费,机器的空转是浪费,停工维修是浪费,举不胜举。

TPS 把浪费归纳成七种:

- 等待的浪费
- 搬运的浪费
- 不良品的浪费
- 动作的浪费
- 加工的浪费
- 库存的浪费

· 制造过多(早)的浪费

在流程管理中,部分最适合,带不来整体最适合。企业里人来人往,忙忙碌碌,但只是在徒然移动,还是在进行价值创造的劳动呢?浪费无处不在。换个角度说,企业内还有巨大的经营资源和潜能可以开发。有效运转率的最理想状态是企业活动的每分钟都创造价值。这是任何企业也做不到的,但无限逼近这个目标,却是任何企业都需要的。

可视化

丰田在内部管理中,更强调"眼见"的力量。有科学数据表明:在人类认知世界的信息获取中,视觉比例高达87%。因此,丰田致力于将各种生产管理活动都变得"可视"。

在外在表现上,丰田车间内的每一道工序、每一个规格、每一种状况都基于人性的特点,用"一望而知"的颜色、形状、位置和独具丰田特色的"看板"来区别与显示。而其内在逻辑是:可视化,使得企业现场人员能够迅速发现异常。

丰田社长张富士夫指出:"丰田生产方式是一种对异常情况进行管理的方式。"因为他认为:"没有异常的现场根本就不存在。而没有异常的后面,反而隐藏着重大的问题。"因此,TPS中很重要的概念——"自动化",其内涵并不是我们理解的由机器一气呵成的"自动化",而是"当机械化生产出现异常及不良品时,生产线能够停下来,从而保证质量"。

丰田笃信品质是制造出来的,而绝不是检查出来的。"我们做好了准备等待着异常情况的出现,这样我们才能调查出原因,特别是原因背后的真正原因(丰田称为'真因'),并采取相应的对策。"张富士夫说。

持续对现场进行改善,是丰田TPS管理的着眼点。而完成可视化,是一切改善的开始。

管理卡位

　　在信息如此发达的时代,企业战略形成差异化其实非常困难,而企业的组织管理能力才是真正的竞争优势。丰田就是看清了这一点,凭借独到的制造体系——丰田生产方式,以管理卡位,创造了最丰厚的利润、最稳定的成长与最坚实的竞争力。

第十一章

好的企业满足需求，伟大的企业
创造市场

创造市场

相信中国的企业家都比较熟悉"水煮青蛙"的原理。当我们把青蛙放进煮得热气腾腾的开水之中，青蛙会因剧痛而奋力跳出；但是，当我们把青蛙放进常温的水中，然后慢慢给水加热时，青蛙就会被活活煮死。这个原理启示了在外部环境不断变化之中，特别是市场竞争越来越激烈的今天，中国企业还陶醉在以往传统的营销观念与模式中，结果使自己陷入"水煮青蛙"的困境！

企业在激烈的市场竞争中，一方面，要在消费者那里找到自己的市场，即满足需求，这方面随着市场竞争的日益加剧显得更加困难；而另一方面，企业更应设法引导消费者，创造出属于自己的特有市场，这方面更加重要！

美国管理大师德鲁克有一句名言："好的公司满足需求，伟大的公司创造市场。"

创造需求

不少人都看过赵本山的经典小品《卖拐》，"忽悠大师"赵本山与善良、淳朴的高秀敏这对"夫妻"配合得天衣无缝,硬是通过一步步的诱导,将一位好端端的范伟忽悠得神魂颠倒,一会儿工夫没病的腿生出大病来,不仅掏空腰包买下对自己毫无用处的一双破拐,还心甘情愿地把自行车搭了进去。更为经典的是结尾处,范伟还满怀感激之情说声"谢谢啊"。对于这个具有一定夸张意义的小品,剔除了其中的诈骗成分,单从市场营销的角度来看,其实这是一个成功的市场需求创造实例。可见市场需求是可以创造出来的。

由于社会的不断进步和人们消费水平的不断提高,更由于市场经济环境中消费需求的多样性与层次性,使得消费者的需求并非固定或有一定限度,有的时候甚至连顾客自己也不知道自己的需求到底是什么。而这样的需求根据市场营销理论与实践推知,是完全可以通过企业自身的努力去扩大和创造的。

市场引导策略

日本著名企业家盛田昭夫曾说过:"我们的政策是以新产品去引导消费者。"

20世纪50年代,英、美两家皮鞋公司各自派了一名推销员到太平洋的某个岛屿上开拓市场。几天后,英国的推销员向总部汇报说:"这里的土著人都习惯赤脚,不习惯穿鞋,因此这里根本没有市场。"随即这名英国推销员就离开了那里。而美国推销员的看法与他正好相反,他向总部汇报说:"在这里的发现让我异常兴奋,因为岛上的人都是赤着脚,没有一人穿鞋的。"于是这名美国推销员留了下来,开拓这里的皮鞋市场。

后来,美国推销员果然成功了。他们通过改变岛上人的不穿鞋习惯,引导他们穿鞋,创造了一个新的市场。英国推销员只是根据需求寻找市场,而美国推销员却是改变了土著人的消费习惯,创造了市场。

互补策略

20世纪60年代初,柯达公司准备开辟胶卷市场,但他们并不急于动手,因为他们深知要使新开发的胶卷能在市场上立竿见影,并非易事。于是他们采用发展互补品的办法,在 1963 年开发大众化相机,并宣布其他厂家可以仿制,一时出现了自动相机热。相机销量的暴增,给胶卷带来广阔的市场,柯达公司乘机迅速推出胶卷,一时销路遍及全球,从而实现了柯达公司创造胶卷市场的目标。

柯达就是通过发现产品的互补性,想办法把市场做大,而不是与竞争者争夺现有的市场。这样既为自己创造了市场,也降低了成本和难度。

创新策略

企业可将原有产品通过改进或直接进入一个新的市场,从而扩大目标市场的范围。新的市场可以是新的地域市场,或是其他新的细分市场,也可以通过发现产品的新用途来开拓新的市场。如吉列公司将安全刮胡刀片导入女性市场,强生公司使婴儿洗发精进入成人市场等,都是通过市场创新来创造市场且非常成功的案例。

创造市场的策略数不胜数,这里就不一一列举了。

但万变不离其宗,任何形式的运作都离不开好的切入点:正确地卡位。

要想有效地卡位,企业应善于倾听顾客的声音,从流行的现象中发现潜在的机会,在更高层上拓展生存和发展空间。

卡位,可以帮助企业开辟新的市场,创造新的游戏规则,找到一片属于自己的蓝海。

附　　录

一、工业品营销研究院简介

关于 IMSC

IMSC 成立于 1999 年,由 20 位资深工业品营销行业专家携手发起创建,是一家专注于工业品行业营销咨询与培训的专业营销研究与顾问机构。

专注于工业品营销领域,以专业精神为客户创造最大价值,与客户共享成功的喜悦是 IMSC 永远不变的核心价值。

成立 10 年来,IMSC 始终秉持"挖掘行业深度、引导产业方向、改善营销管理模式、提升企业竞争力"的经营理念,为国内来自工程机械、机械制造与机床行业、高新技术及 IT 行业、工业原材料行业、客车行业、暖通设备与中央空调、建筑及工程安装行业、工业电气及自动化等八大行业的近 200 家工业品生产企业提供过营销管理方面的咨询和培训。

十年磨一剑,锋从砥砺出! 倾十年之功专注于工业品营销管理理论研究与实践,终于成就了今天 IMSC 国内工业品营销咨询与培训第一品牌的行业领袖地位。

七项第一,成就第一品牌

第一次在国内提出工业品营销的概念。

国内第一家专注于工业品行业细分的营销培训与咨询机构。

创办国内第一本工业品营销杂志——《工业品营销》。

出版国内第一本工业品营销理论书籍——《4E营销——工业品战略营销新模式》。

建立第一个工业品营销专业网站——赢天下。

工业品行业培训与咨询客户数量第一。

工业品营销咨询营业收入行业内第一。

我们的服务

营销咨询与培训是我们为客户提供的主要服务。

我们所提供的咨询服务涵盖:市场研究与营销诊断、营销战略规划、品牌战略规划与品牌运营、渠道规划与渠道管理、营销管理体系建设、大客户销售实战管理模式、项目型销售管理模式、新产品上市推广、销售培训体系建设等九大板块。近30家国内领先企业(全球500强、行业100强和上市公司)曾经接受过我们的咨询服务。

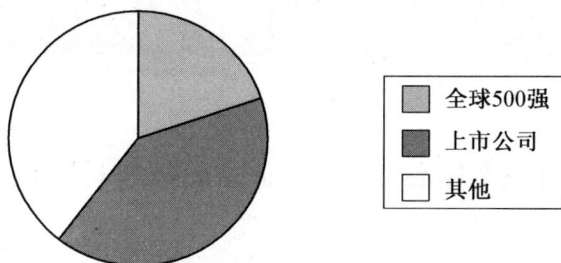

IMSC 咨询服务客户的结构

　　我们所提供的培训服务涵盖面向企业高层的工业品营销实战总裁班,面向企业中层、基层的大客户销售技巧、项目型营销管理、工业品品牌战略管理、工业品渠道管理、工业品营销战略规划、新产品推广、团队管理等 20 多门课程。世界 500 强中 80％的企业和国内制造业 500 强中的 70％的企业都是我们的忠实客户。

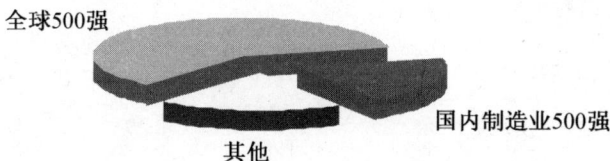

我们提供培训的客户结构

战略伙伴

　　作为行业领先者,IMSC 的顾问常年担任中国市场营销学会、清华大学、复旦大学、上海交大、北京大学、中山大学等 20 几家国内顶级高等学府和学术机构的工商管理硕士(EMBA)营销课程特聘教授,并与这些高等学府和学术机构保持日常学术方面的交流与合作。

　　同时,IMSC 也保持与行业媒体的合作,包括《环球企业家》、《机电商报》、《销售与市场》、营销传播网、全球品牌网、慧聪网等几十家媒体。

　　我们相信,好的公司可以满足需求,伟大的公司可以创造市场。因此,IMSC 2008 年的战略是全面打造工业品行业的平台,真正成为工业品企业的第一选择。2010 年上海世博会期间,IMSC 努力成为一家上市公司或风头追逐的焦点。

我们的平台有三个核心支撑点:杂志＋网站＋书籍

杂　志

《工业品营销》于 2008 年初创刊,是针对企业高层的营销杂志,也是工业品行业唯一的一本营销类杂志,具有行业性、针对性、权威性、实战性四大特点。

《工业品营销》杂志致力于打造工业品营销领域的宣传平台,宣传国内外工业品营销前沿理论,解决中国本土企业在营销中碰到的实际困惑,探索中国工业品行业及产业变革的趋势与路径,致力于成为一流的媒体。

我们的目标:

2010 年,成为工业品企业心目中的第一媒体。

2012 年,努力把杂志分成战略、管理、市场三个层面,使其成为工业品企业的第一选择。

网　站

如果杂志是工业品营销的线下媒体,那么 www. china－imsc. com 网站是工业品营销的线上传播平台。www. china－imsc. com 致力于为工业品企业和营销人士提供展示才华、充分交流、平等竞争、创造商机的互动平台,努力成为网民心目中咨询最全、交流最充分、理论最前言、报告最权威、案例最丰富的第一选择。

我们的目标是:

2010 年,成为工业品营销网站的领军品牌。

2012 年,跻身于营销类网站的前三名。

书　籍

如果说网站和杂志是交流的平台,那么书籍是核心思想及实战营销的传播者。

目前,工业品行业的专著已在行业研究里排名第一,在国内外是当知无愧的行业书籍出版最多的机构,更是针对工业品行业在世界上出书最多的机构。

我们的目标是:

2008 年,书籍不断深化营销理论,提供更系统、更经典的系列图书。

2010 年,必定成为国内外知名的工业品行业研究机构。

二、两大核心:培训和咨询

培　训

IMSC 从培训起家,一直从事于工业品企业的营销实战培训。在电气自动化领域,目前是国内当之无愧的培训机构,有 200 多个客户,例如 ABB、西门子、施耐德、大全等企业。针对工程机械有 300 多家案例库,可以提供全套的营销培训,服务过的企业有徐工、三一重工等 100 多家典型客户。

我们按企业从事营销岗位的不同,将培训分成三套体系:

针对经营层,例如总经理、董事长、总监等,联合上海交大推出国内首家工业品营销实战 EMBA 总裁班。

针对管理层,例如区域经理、销售经理等,推出 MBA 系列课程,致力于让中层人员拓展市场能力,打造高绩效的团队,搞好客户关系、提升项目管理的能力。

针对市场层,例如销售经理、销售人员、大客户经理等,提供销售人员金牌系列课程,建立以客户需求为导向的销售模式,提升优良客户服务技能,大客户重点突破,建立双赢谈判技巧,从而成为职业化的销售精英。

尽管营销的内容不同,但我们秉承一贯的培训风格,以行业为背景,以案例为导向,以实务经验为核心,以系统架构为蓝本,并以复杂的理论简单化、简单的理论生活化、生活的理论幽默化为原则。

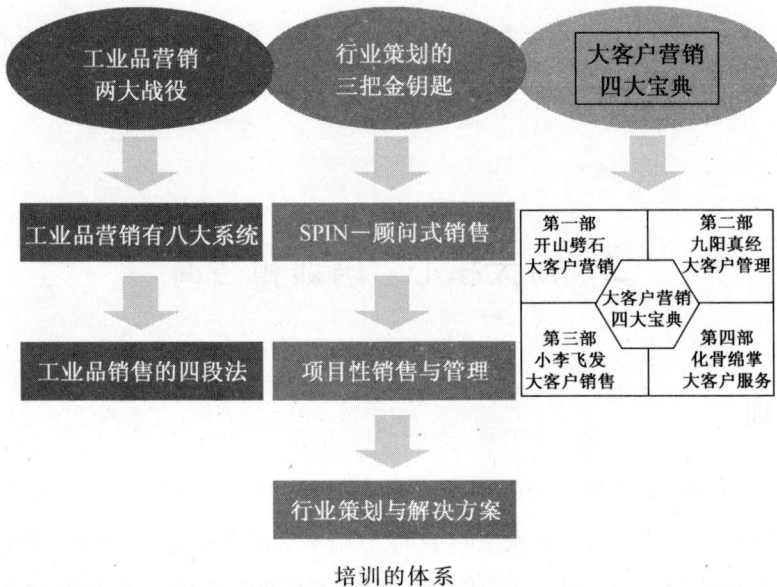

培训的体系

咨 询

在提供系统化培训的同时为保证企业战略执行、管理流程清晰化,我们还提供有针对性的咨询方案。

IMSC认为企业营销包含三个方面:企业的战略,是方向问题;企业的营销策划,是管理问题;企业销售,是方法问题。

因此,针对不一样的咨询项目,我们提供最核心、最有竞争力的咨询模块。

针对战略咨询,我们认为品牌是一家企业的生命力,国内工业品企业非常务实,但大多务实到只会做关系营销,只会懂得靠销售人员营销来推动品牌,以致价格战风起云涌,国内的企业被外资购并也风生水起。针对以上问题,我们提出工业品品牌发展的五部曲的咨询模块。IMSC认为,企业的产品有生命周期、新陈代谢,但唯有企业的品牌长期不衰。例如,一把大火能把可口可乐的工厂烧掉,但10年之后我们可以再建一个可口可乐工厂

针对营销策划管理层,工业品企业基本依赖销售人员的个人魅力,导致公司客户紧跟销售人员,这对公司风险太高,企业内部的个人英雄太多,出现携天子以令诸侯现象,经常出现项目中因缺乏专业知识及团队配合,导致项目前期轰轰烈烈,后期偃旗息鼓等问题。针对以上问题,我们认为国内工业品企业基本靠领导运作,车子跑得快、全凭车头带,而国外成熟大企业是靠铺铁轨建立系统。因此,我们提出项目管理流程的管理系统,同时还有公司管理工具辅助流程的实施。我们的成功案例,例如三一重工、合力金桥、科远自动化等企业。我们希望真正实现营销境界——企业运营标准化,打造百年企业。

针对销售方法,我们发现工业品对营销人员要求更高、压力更大,他们流动过于频繁,缺乏建立系统化销售宝典。让案例成为一个可复制的成功秘籍,针对这些,我们提出了复制销售人员让菜鸟变老鸟的一套系统化销售手册,希望工业品企业也能像东风汽车、上海大众、远东电缆等企业,把销售做到简单化、标准化、规范化、可复制化,从而为建立基业长青的公司添砖加瓦。

咨询体系

我们目前在一个平台、两个核心的基础上,积累了很多成功案例:

大学。我们已同12家知名高校,如清华、北大、复旦、交大等建立起长期的战略联盟,努力成为企业高管的智囊。

大型论坛。我们于 2007 年 11 月成功举办首届工业品营销论坛、2008 年 1 月工业品战略营销的高峰论坛;同时,我们还在全国与聚成、慧泉、行动力等机构合作举办了上百场大型论坛。

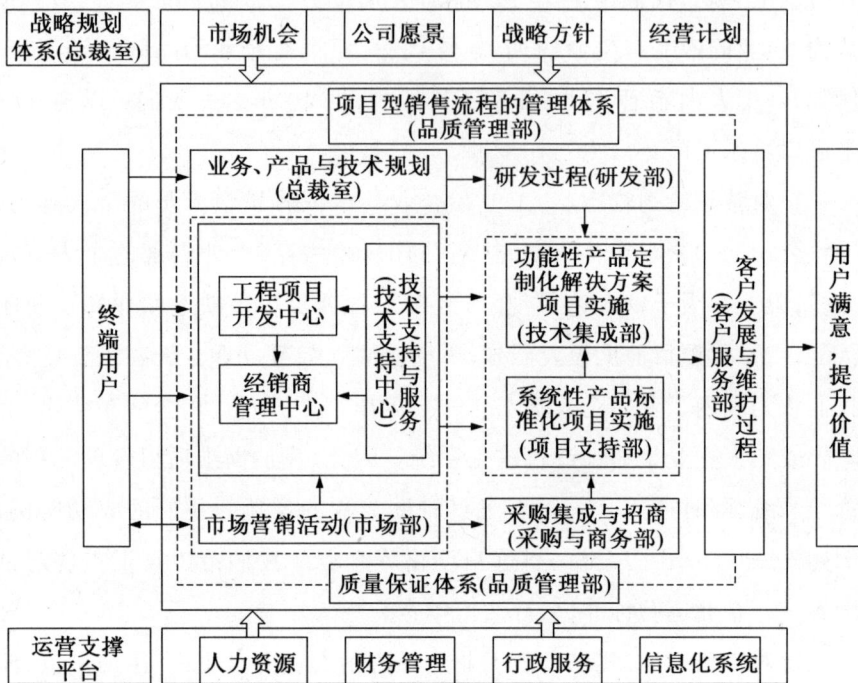

业务流程重组

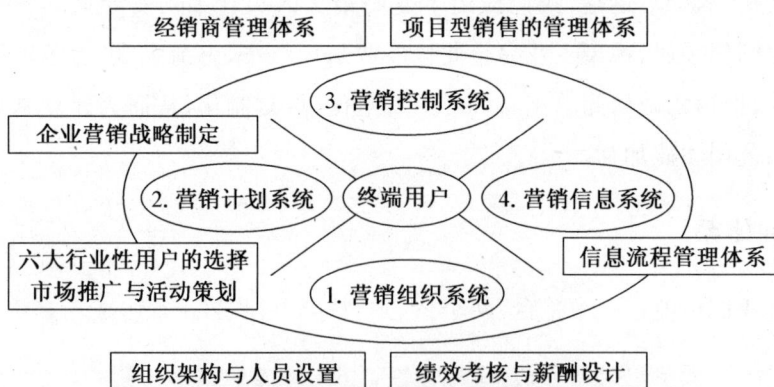

销售管理模块

培训与咨询。我们一直致力于为工业品八大行业提供咨询服务,每年至少有200多家企业培训,几十家企业咨询。

IMSC秉承"挖掘行业深度、引导产业方向、改善企业营销力、提升企业竞争力"的理念,努力打造一个平台、两个核心,让成功的企业更加成功,让优秀的企业更加卓越,让卓越的企业基业长青。我们期待您的加盟!

IMSC联系方式:

地址:上海市浦东南路256号华夏银行大厦1406A室(书籍部)

邮编:200125

电话:021—61682690,021—68885005

传真:021—61682696

邮箱:2008icm@163.com

QQ:787400415

IMSC 图书思想库目录

书　名	出版社	作　者
大客户系列		
大客户销售策略与项目管理	机械工业出版社	丁兴良
大客户战略服务	机械工业出版社	丁兴良
大客户战略管理	机械工业出版社	丁兴良
大客户战略营销	机械工业出版社	丁兴良
大客户攻防策略	经理管理出版社	丁兴良
大客户营销四大宝典	中国轻工业出版社	丁兴良　林　俊
行业策划系列		
《顾问决定价值：SPI—顾问式销售技巧》	经济管理出版社	丁兴良
项目型销售与管理	机械工业出版社	丁兴良
深度：解决方案式营销	经济管理出版社	丁兴良
工业品营销系列		
透视跨国企业的工业品营销	中国轻工业出版社	丁兴良　邓毅刚
七重攻略	广东经济出版社	丁兴良
品牌战略	中国轻工业出版社	丁兴良　张长江
4E营销——工业品战略营销新模式	经济管理出版社	丁兴良
工业品企业促销策略革命	经济管理出版社	丁兴良　张　丹
卓越销售的7个秘诀	经济管理出版社	丁兴良
工业品营销原理	经济管理出版社	丁兴良
工业品营销案例	经济管理出版社	丁兴良

续表 1

书 名	出版社	作 者
工业品营销案例(2)	经济管理出版社	丁兴良
世界 500 强企业的工业品营销之道	经济管理出版社	丁兴良
成功销售经理 8 大技能	经济管理出版社	丁兴良
汽车行业系列		
商用车品牌营销	机械工业出版社	丁兴良
商用车销售技巧	机械工业出版社	丁兴良　林　俊　黎　燕
IT 信息化行业系列		
技术演示策略	经济管理出版社	丁兴良　张　志
解决方案营销	经济管理出版社	丁兴良　龙丁健
战略营销策划	经济管理出版社	丁兴良　孙　晓
职业顾问打造	经济管理出版社	丁兴良　蒋文明
项目流程管理	经济管理出版社	丁兴良　林　俊　黎　燕
营销新革命系列		
突破工业品营销瓶颈	经济管理出版社	丁兴良
塑造工业品营销品牌	经济管理出版社	丁兴良
创新工业品营销思维	经济管理出版社	丁兴良
价格战系列		
直面价格战争——技巧篇	经济管理出版社	丁兴良
直面价格战争——战略篇	经济管理出版社	丁兴良
项目型营销系列		
项目型销售与标准化管理	经济管理出版社	丁兴良　张长江　代　艳
项目型营销与团队管理	经济管理出版社	丁兴良
项目型营销与战略规划	经济管理出版社	丁兴良
项目型销售经典案例剖析	经济管理出版社	丁兴良
项目型营销专业咨询手册	经济管理出版社	丁兴良

书　名	出版社	作　者
项目型销售与管理工具——PSM 软件系统	经济管理出版社	丁兴良
江湖——项目型销售实战小说	经济管理出版社	丁兴良
项目型营销管理	经济管理出版社	丁兴良
项目型营销管理（英文版）	经济管理出版社	丁兴良
项目型销售策略	经济管理出版社	丁兴良　张长江
大众化系列		
男人文化与营销	经济管理出版社	丁兴良
女人文化与营销	经济管理出版社	丁兴良
酒文化与营销	经济管理出版社	丁兴良
社会关系与营销	经济管理出版社	丁兴良
送礼文化与营销	经济管理出版社	丁兴良
其他系列		
在路上抢单	中国社会科学出版社	栖息谷　张长江
节能减排一体化供电共赢方案	经济管理出版社	李文东　丁兴良

　　真诚感谢您对 IMSC 的支持,我们非常重视您对"IMSC 图书思想库"书籍的看法,我们诚心接纳您对"IMSC 图书思想库"书籍提出的意见。我们"IMSC 图书思想库"书籍将竭尽全力为您提供更好的服务。

　　只要您填写本卡邮寄至 IMSC,您将会成为我们的会员,同时享受 IMSC 的期刊赠送。赶快行动吧!

　　请将您的答案填在括号里或打钩(可多选)。

　　1. 您填写此卡的时间是(　　)年(　　)月(　　)日,你首次阅读"IMSC 图书思想库"书籍的时间是(　　)年(　　)月。

　　2. 您购买的书籍名称是:(　　),这是您购买的"IMSC 图书思想库"书籍第(　　)册。

3. 在购买此书时,您对工业品行业有所了解吗?

(　　)非常了解 　　　　　　　(　　)一般了解

(　　)了解 　　　　　　　　　(　　)不了解

4. 您是通过何种渠道知道这本书的?

(　　)朋友介绍 　　　　　　　(　　)逛书店

(　　)机场书店 　　　　　　　(　　)培训班或研讨会

(　　)名师指导 　　　　　　　(　　)期刊

(　　)互联网 　　　　　　　　(　　)其他途径

5. 您通常是以何种方式购买图书的?

(　　)书店购买 　　　　　　　(　　)直接邮购

(　　)网上购买 　　　　　　　(　　)机场书店购买

(　　)团体购买 　　　　　　　(　　)培训会上购买

(　　)其他途径购买

6. 您所在的机构所属的行业?

(　　)工业品制造行业 　　　　(　　)快速消费品制造业

(　　)商品流通业 　　　　　　(　　)管理咨询业

(　　)管理培训业 　　　　　　(　　)大中型服务业

(　　)大中专院校 　　　　　　(　　)政府机关

(　　)耐用消费品制造业 　　　(　　)原材料挖掘及制造业

(　　)其他行业

7. 您现在的职位(请写明具体职务):

(　　)董事长或总经理 　　　　(　　)高级营销经理

(　　)中级营销经理 　　　　　(　　)基层营销人员

(　　)市调、广告、公关、促销、咨询、培训业专业人士

(　　)政府官员 　　　　　　　(　　)大中专院校教师

(　　)大中专院校学生 　　　　(　　)其他

您的个人资料

姓名：_____　性别：_____　出生日期：____年____月____日

文化程度：(　　)高中以下　　(　　)高中或中专　　(　　)专科

(　　)本科　　(　　)本科以上

单位：_____　　地址：_____

邮编：_____　　联系电话及手机_____

E-mail _____

　　请将上述填好的读者服务卡邮寄至以下地址，将获得 IMSC 会员资格，免费参与 2999 元课程公开班培训一次，并有 90％的几率获得参加工业品营销一年一度的大型论坛邀请入场券一张。

联系方式：

地址：上海市浦东南路 256 号华夏银行大厦 1406A 室(书籍部)

邮编：200125

电话：021—61682690,021—68885005

传真：021—61682696

邮箱：2008icm@163.com

网站：http：//china—imsc.com　　http：//www.21imsc.com

购买本书的五大理由

购买本书的五大附加理由：

1. 免费获得价值 3500 元的一年一度"中国国际工业博览会主题论坛"入场券

中国国际工业博览会是由国家发展和改革委员会、商务部、科学技术部、教育部、中国科学院、中国国际贸易促进委员会和上海市人民政府共同主办，中国机械工业联合会协办，上海世博(集团)有限公司承办的大型工业博览会。

中国政府搭建"中国国际工业博览会主题论坛"这个平台，目的是把"中国国际工业博览会主题论坛"办成中国装备制造业最有影响力的国际品牌展；成为推进建设创新型国家，鼓励自主创新，展示装备制造业最新成果和交流最新信息的重要平台；成为转变外贸增长方式，优化外贸结构，促进我国装备类机电产品出口的重要抓手。通过"产品、技术、产权"三大交易的强磁场，形成专业展商和专业客商集聚、装备制造设备集聚、高新技术成果集聚、市场信息集聚的强效应。

中国国际工业博览会上举办的论坛是国内外最有影响力的营销论坛之一，因此每年工业品营销研究院都会在这个时候举办一年一度的权威性的营销论坛，由中国市场学会、上海世博局、中国社科院、中国经营报、上海交通大学安泰管理学院等众多知名单位联合主办。

2. 免费获得价值 2888 元的"名师精品课程"一天

每年工业品营销研究院都会在公司网站上公布年度"精品课程"、"最佳课程"，这些课程都是经过市场调研以及客户测评得出的结果。每位购买本书的读者，都能获得工业品营销研究院的"名师精品课程"一天。

3. 免费获得价值 2999 元的"年度最佳课程"一天

每年工业品营销研究院都会在公司网站上公布年度"精品课程"、"最佳课程"，而这些课程都是经过市场调研以及客户测评得出的结果，每位购买本书的读者，都能获得工业品营销研究院"年度最佳课程"培训一天。

4. 免费获得价值 8888 元的"行业领袖总裁班课程"一天（只限总监以上级别参加）

行业领袖总裁班，是工业品营销研究院专门为行业高层设计的课程。

当今中国工业品市场，产品缺乏表现力、技术缺乏竞争力、关系缺乏持久力、品牌缺乏吸引力，而工业产品营销又具有项目成交周期较长、项目销售金额偏大、非常重视售后服务等复杂营销特质。面对不断变化的市场环境，工业企业该如何制定清晰的营销发展战略；同质化导致利润微薄，如何用低成本打造自主品牌；如何去开发并维护我们的大客户；分工不明确，项目团队该如何协调管控；外地客户的维护成本越来越高，我们该怎样利用当地的关系拓展管理渠道商？传统大众化的营销课程已无法有针对性地解决工业品营销面临的诸多困境。

在这样的背景环境下，十年来专注于工业品营销研究的工业品营销研究院秉持"挖掘行业深度、引导产业方向、改善营销管理模式、提升企业竞争力"的经营理念，力邀全国资深工业品营销专家，采用经典工业品营销案例教学模式，提供最浓缩的"中国工业品营销行业领袖总裁班"，以专业化视角及创新突破思维为工业企业量身打造"专业、实战、系统、实效"的系统化营销精品课程，致力于锻造一批高素质、高能力、懂管理、懂战略的卓越工业品营销领军人，为中国工业品营销管理者创造开阔的学习交流平台，从而为提升中国工业产业的发展作出贡献。

5. 免费获得与名师面对面的个人洽谈黄金期

名师面对面是工业品营销实战名师推出一种回馈读者的活动，针对企业面临的瓶颈、出现的问题等，名师会在现场进行诊断，为企业或读者解惑答疑，以及就普通广大读者关心的问题进行互动交流。

流程：自行购买本书，把本书末页的资料回传到 IMSC，客服人员会在五个工作日内把活动时间告诉读者。

地点：依据读者个人所在的地方为主。